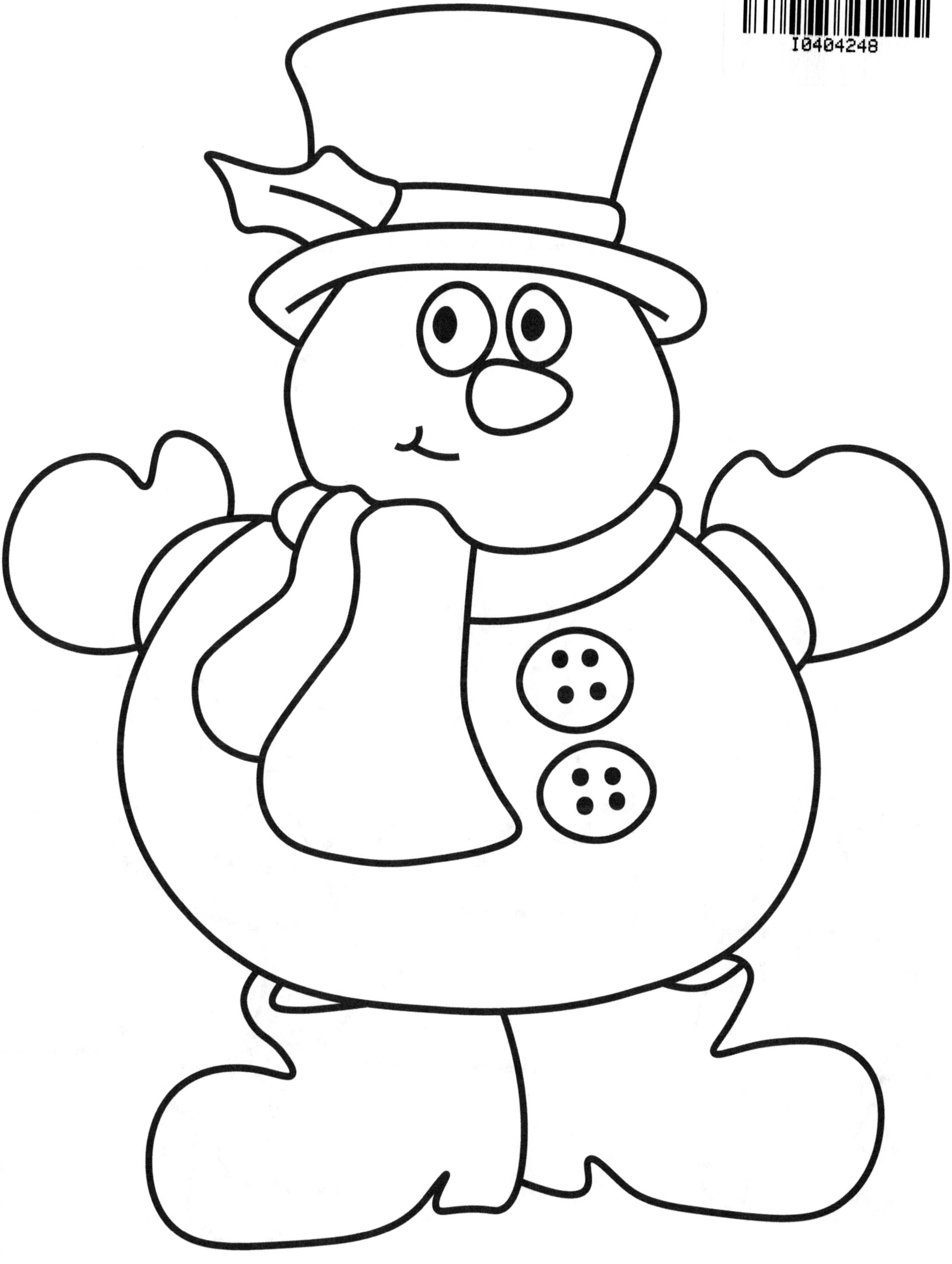

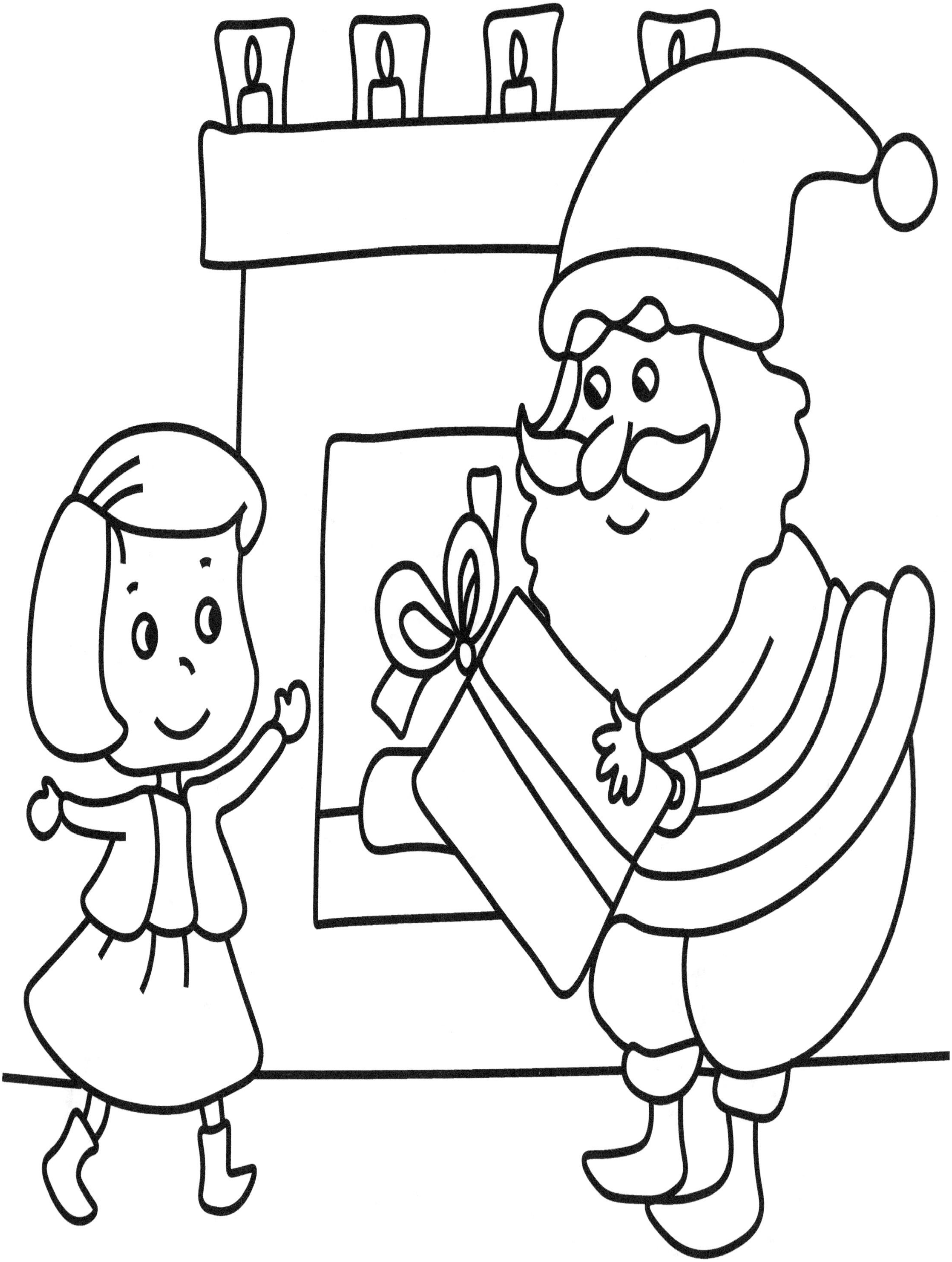

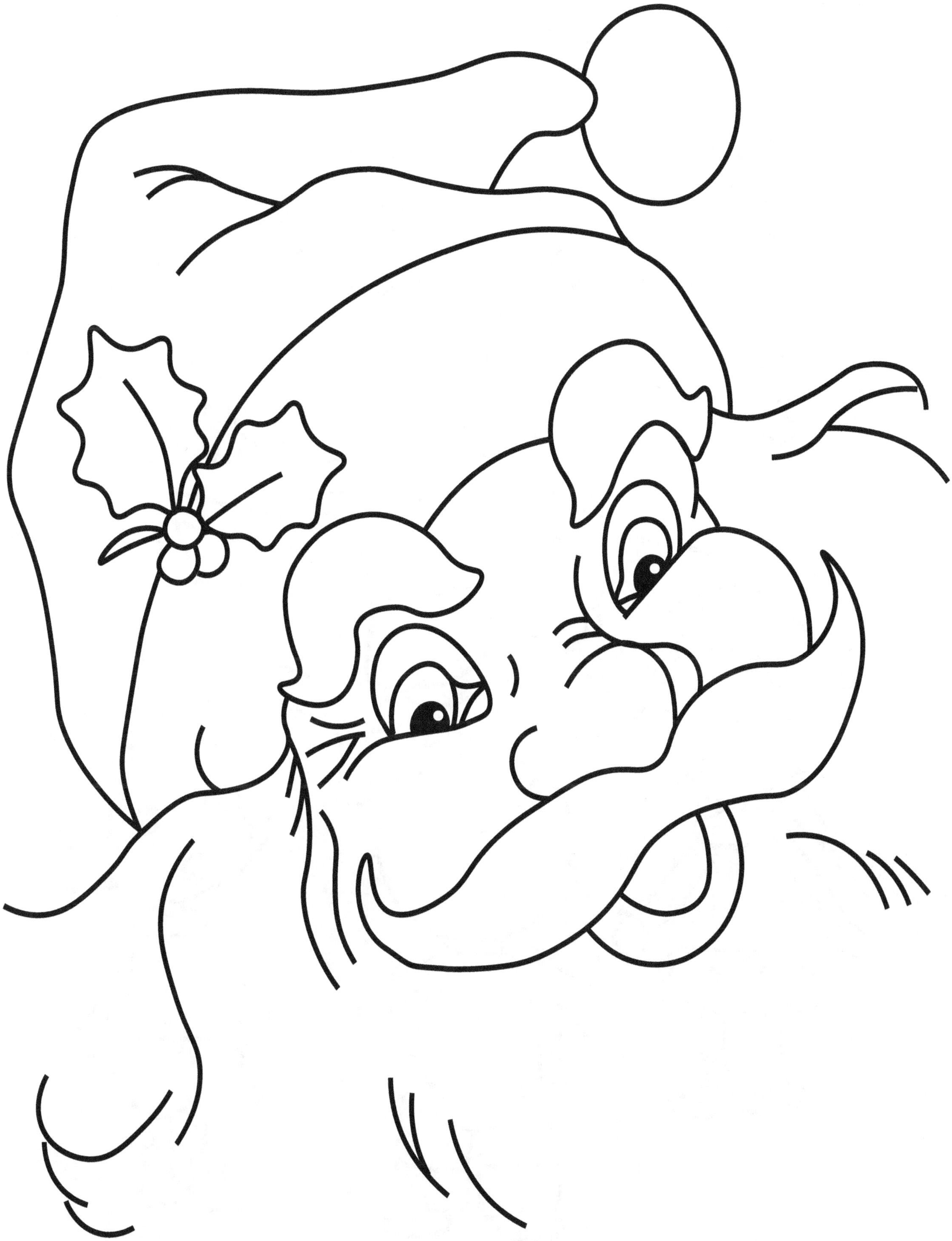

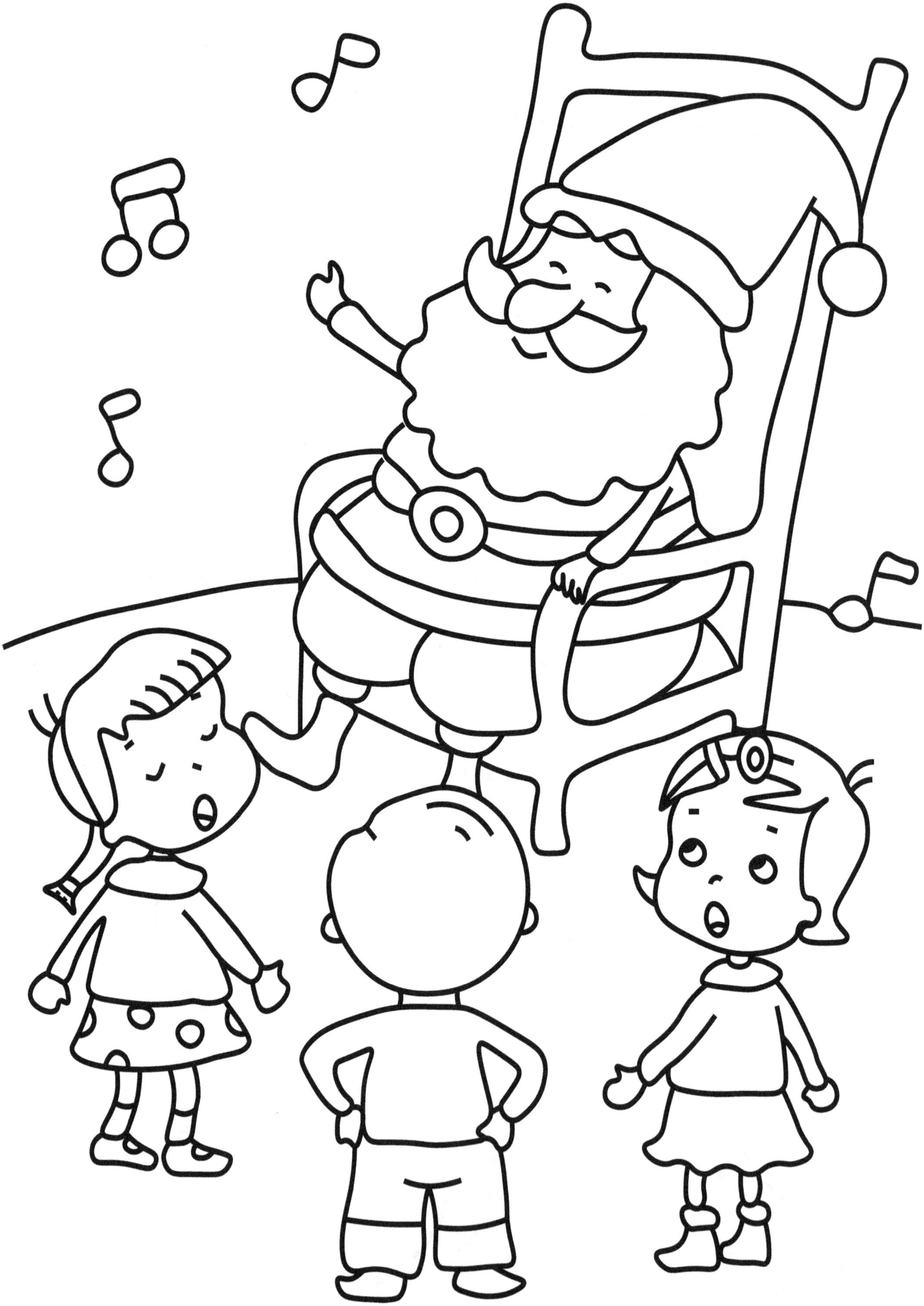

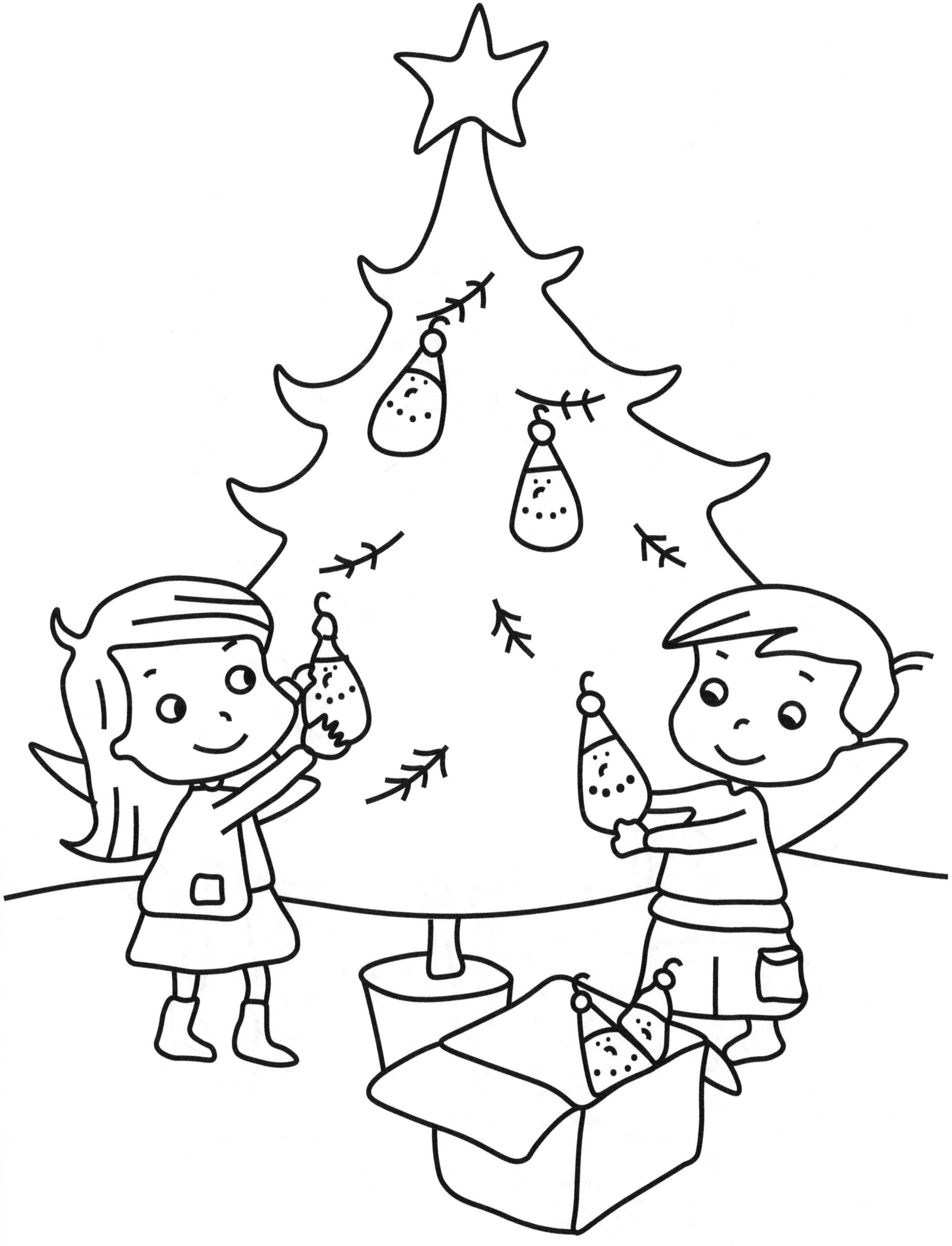

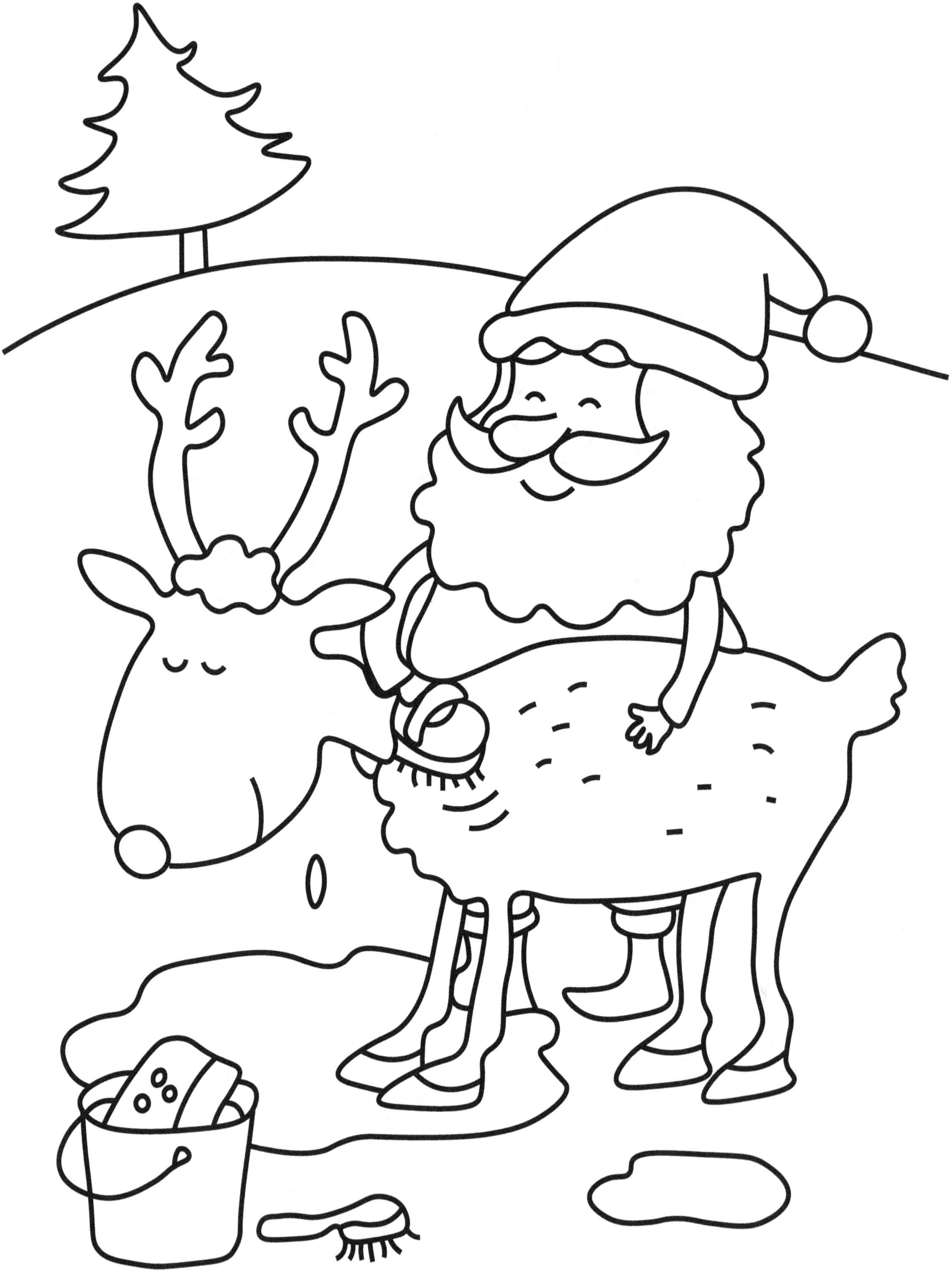

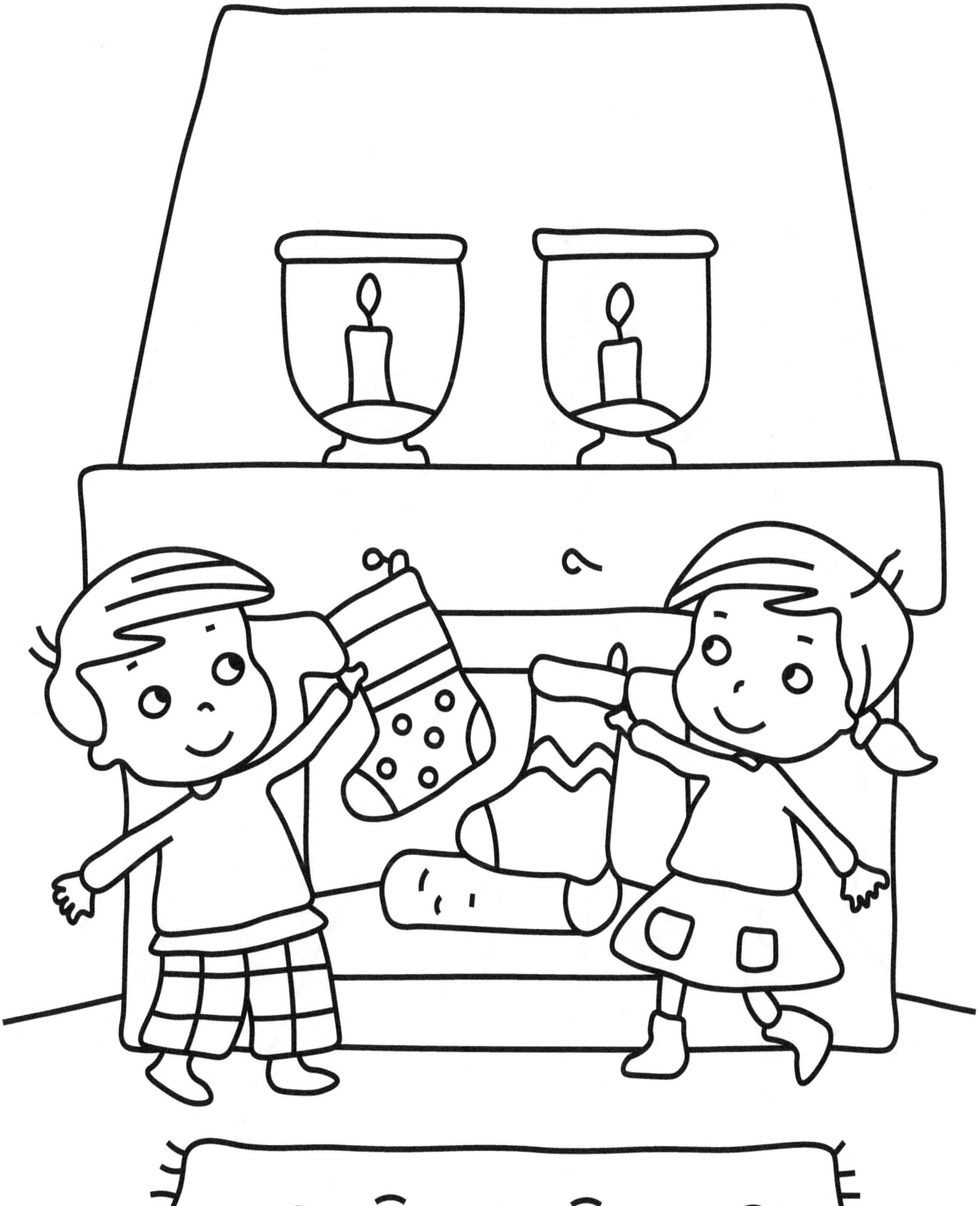

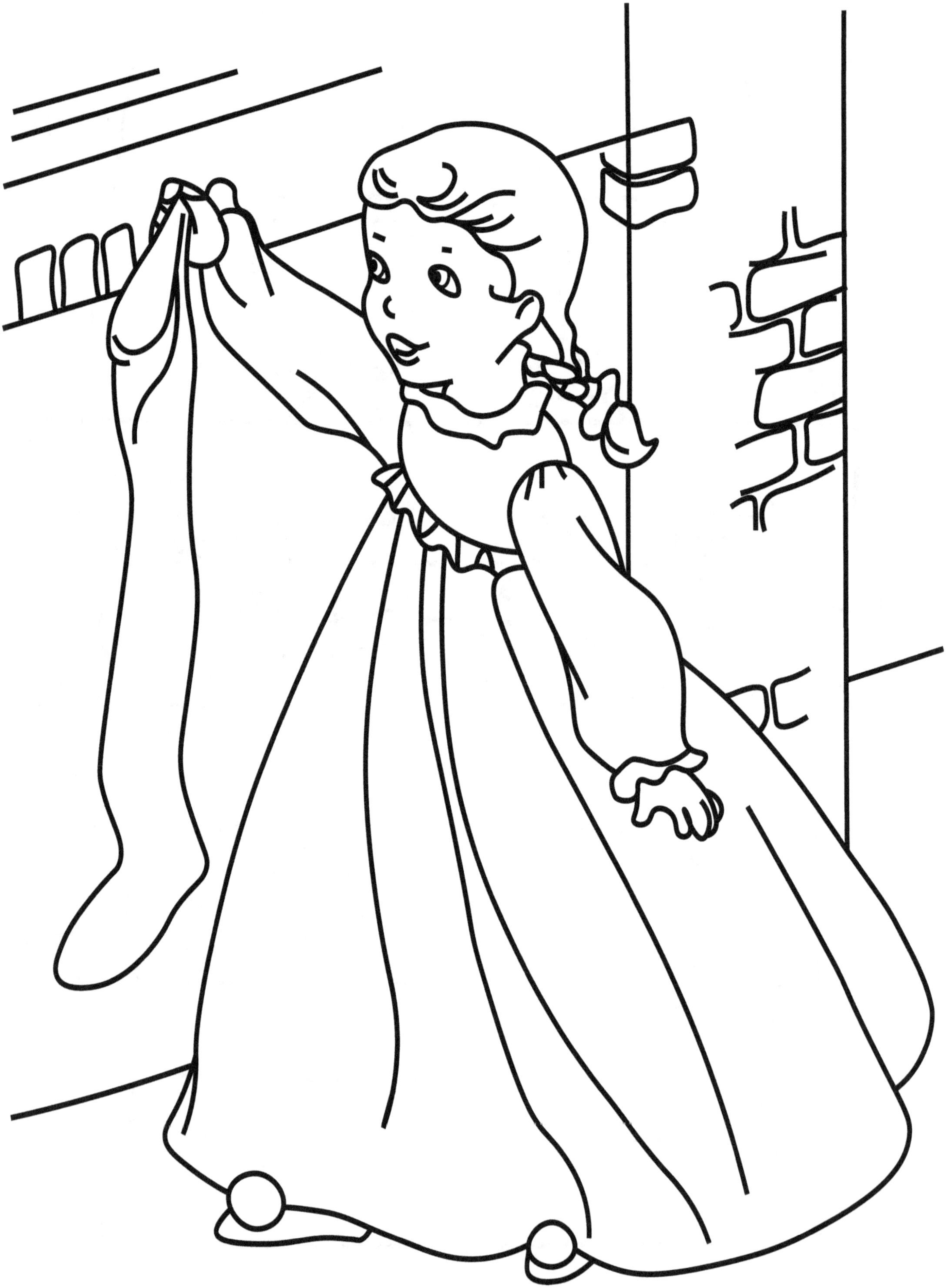

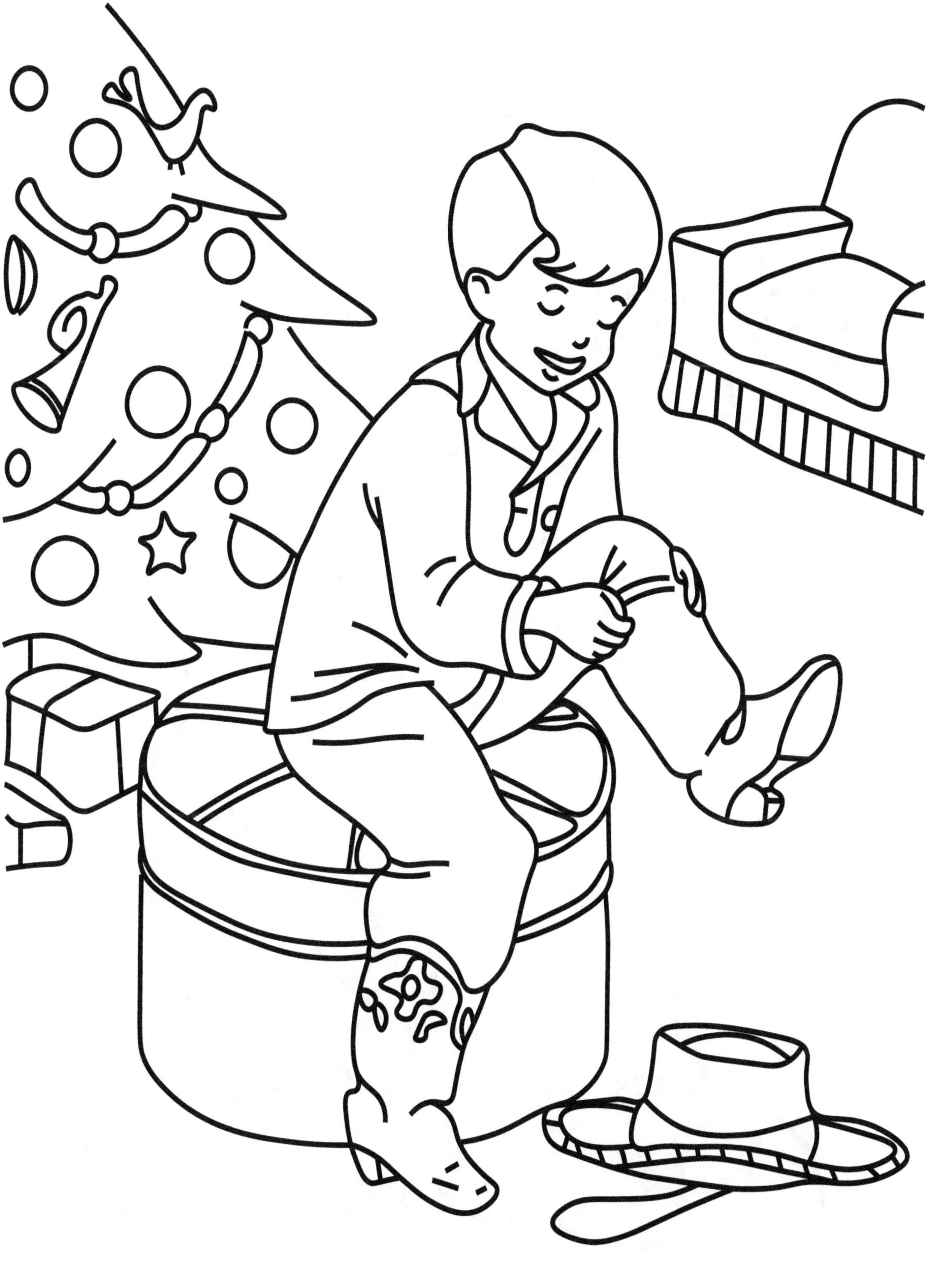

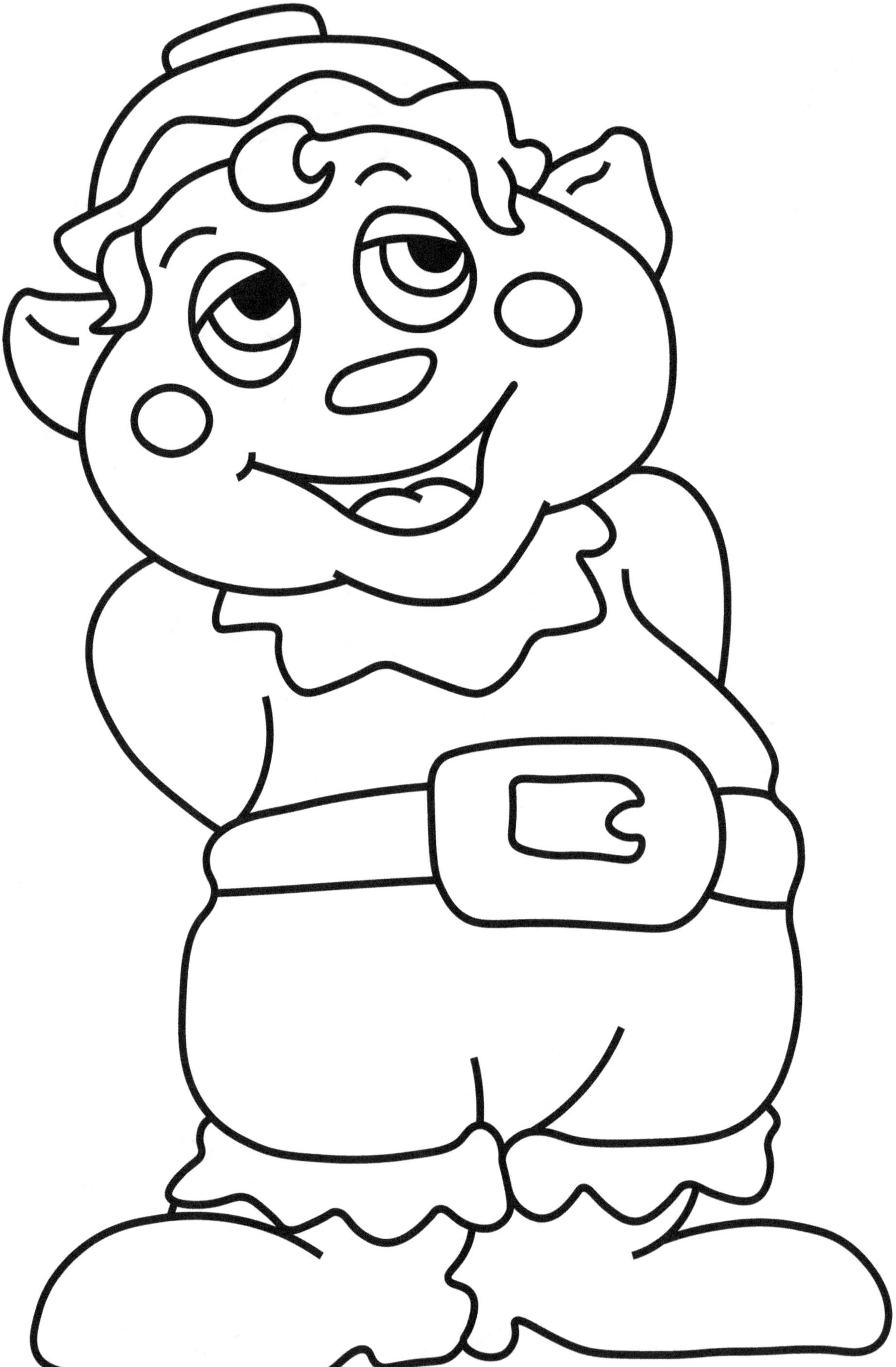

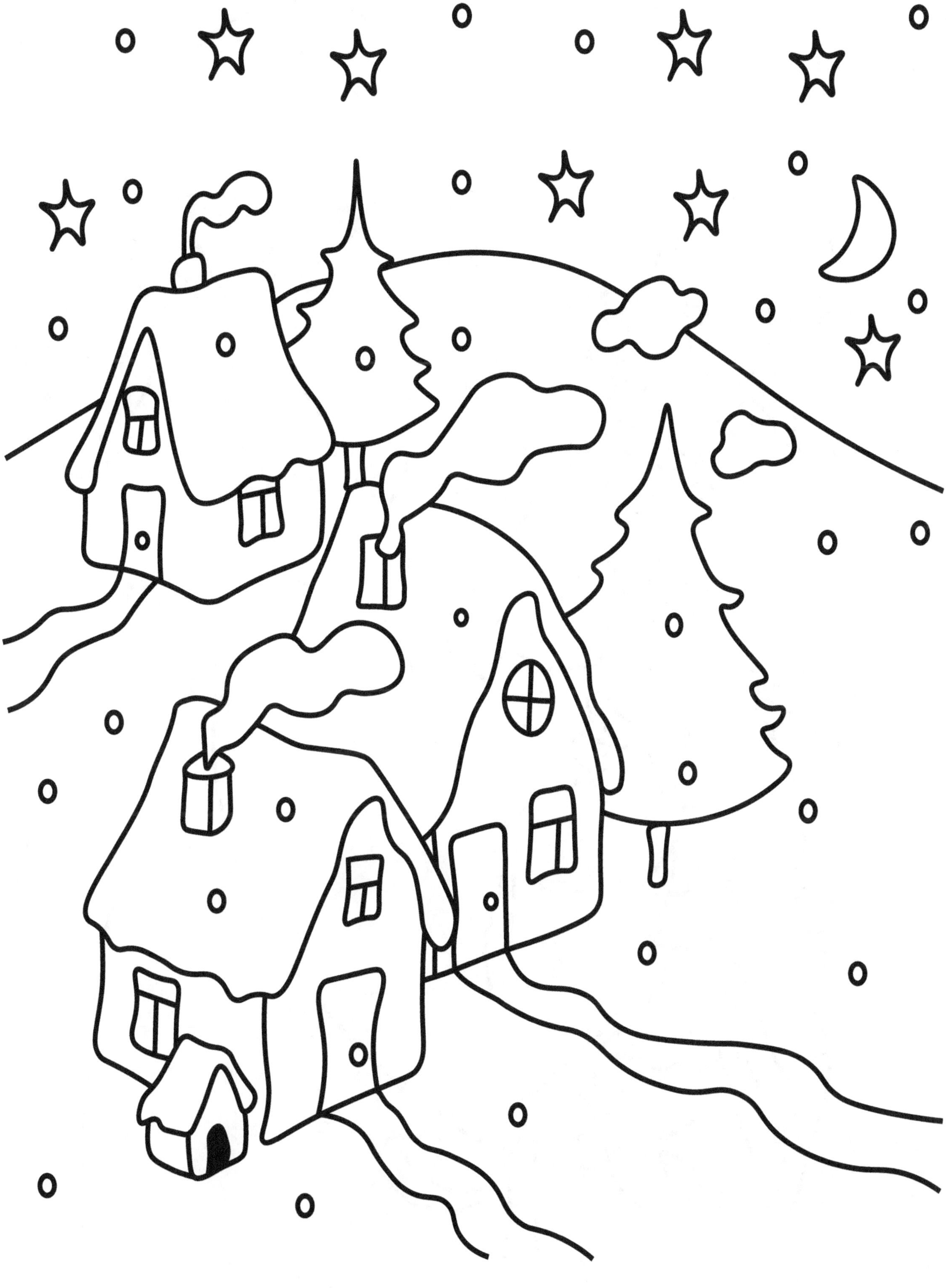

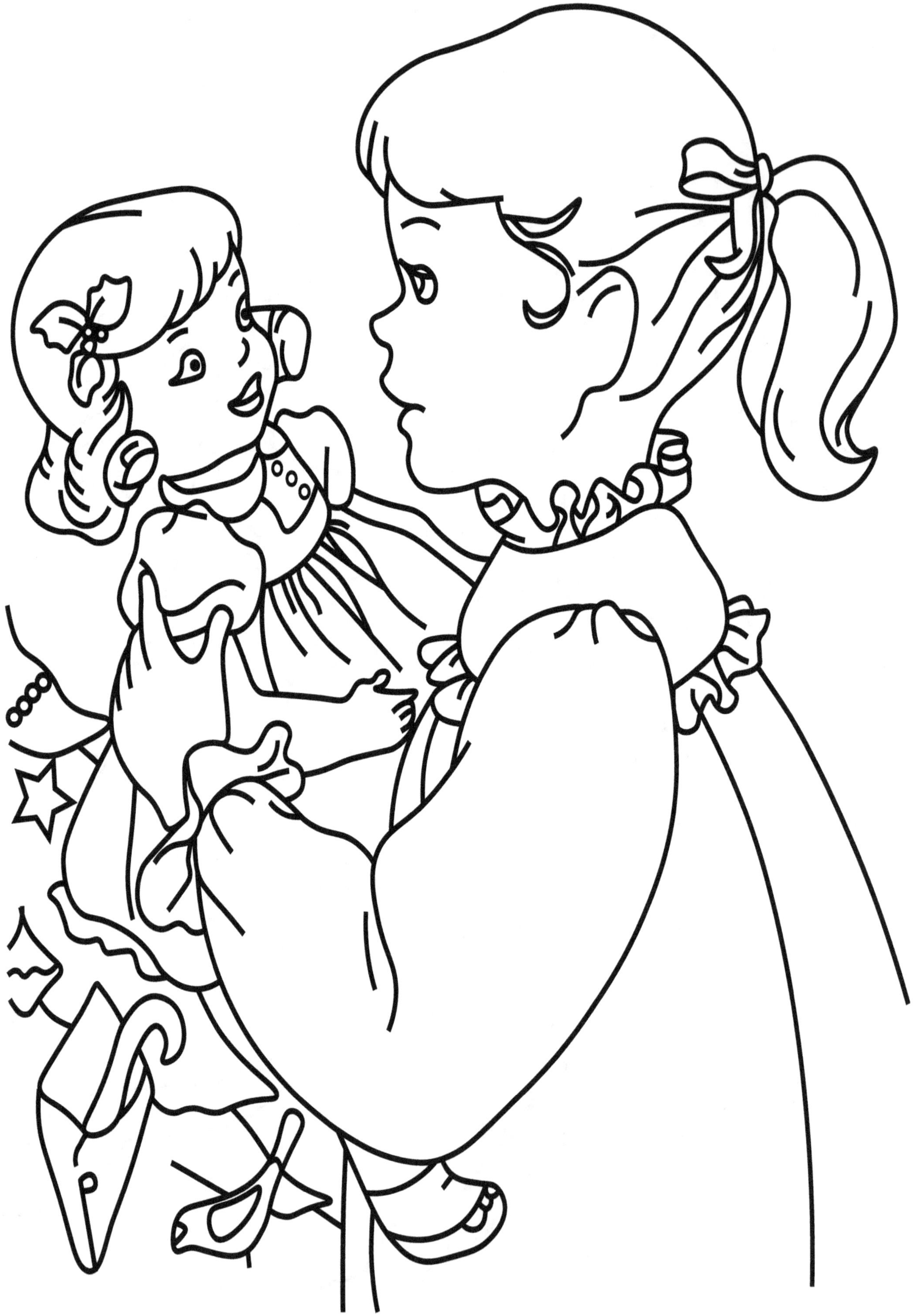

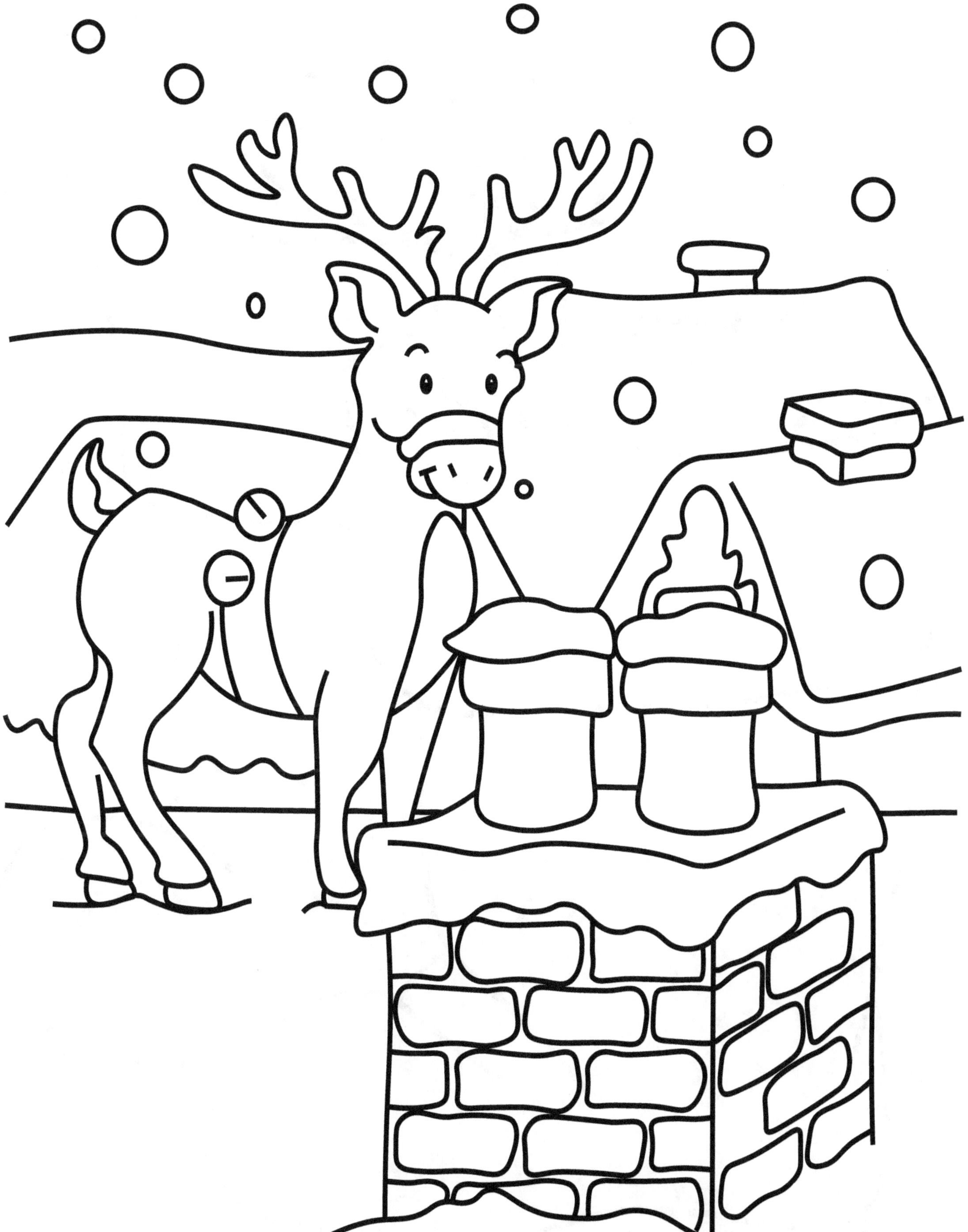

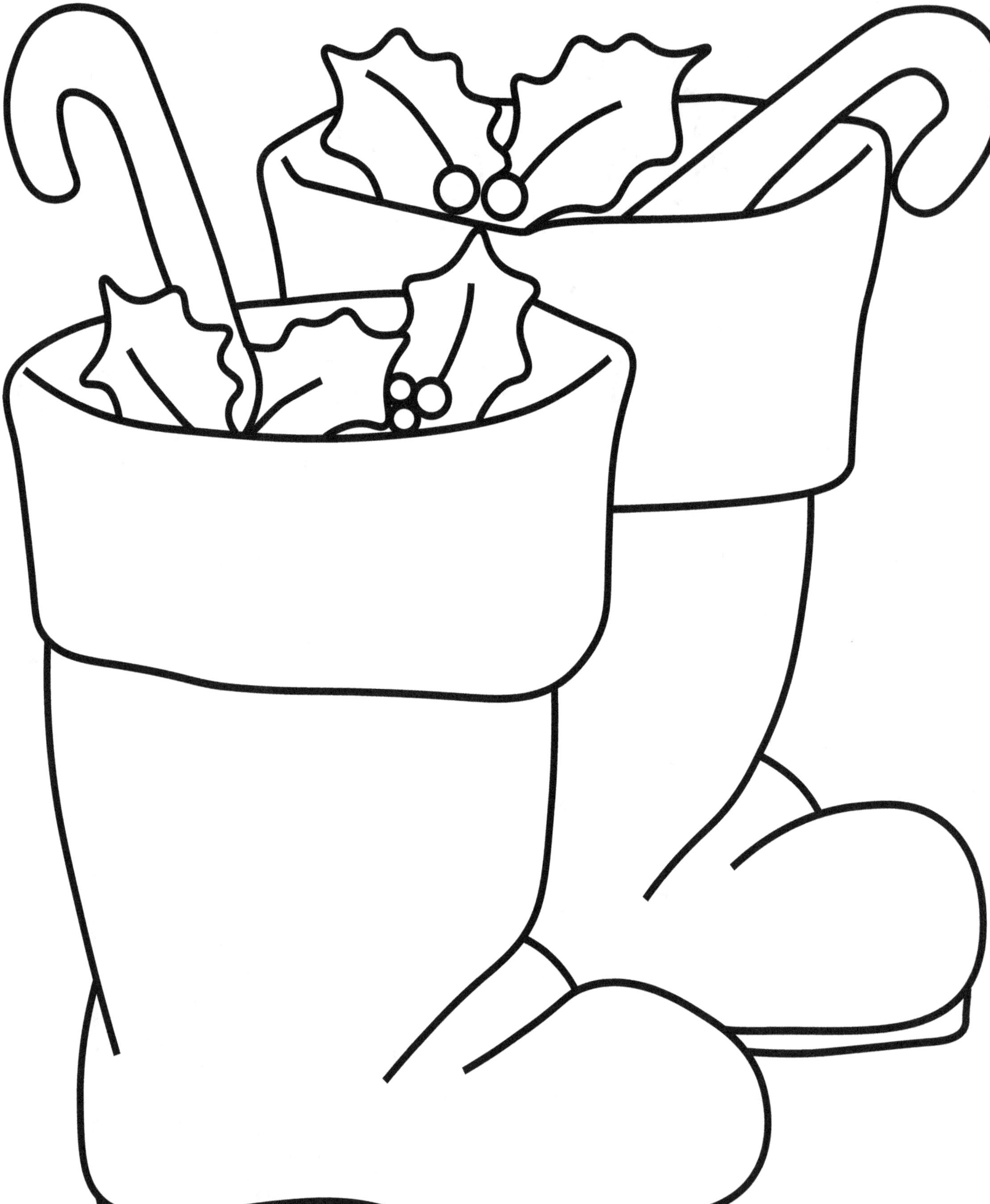

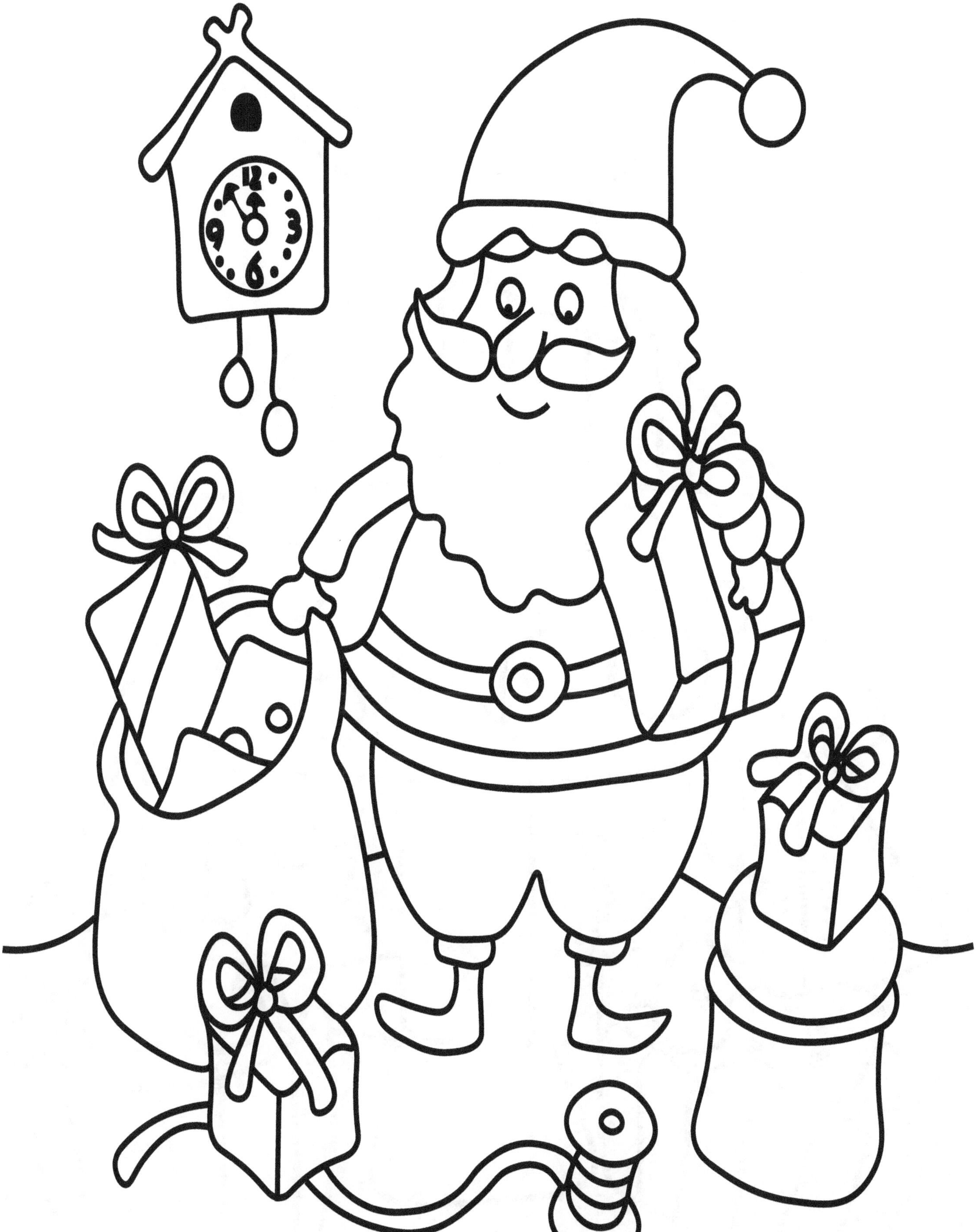
12
3
6
9

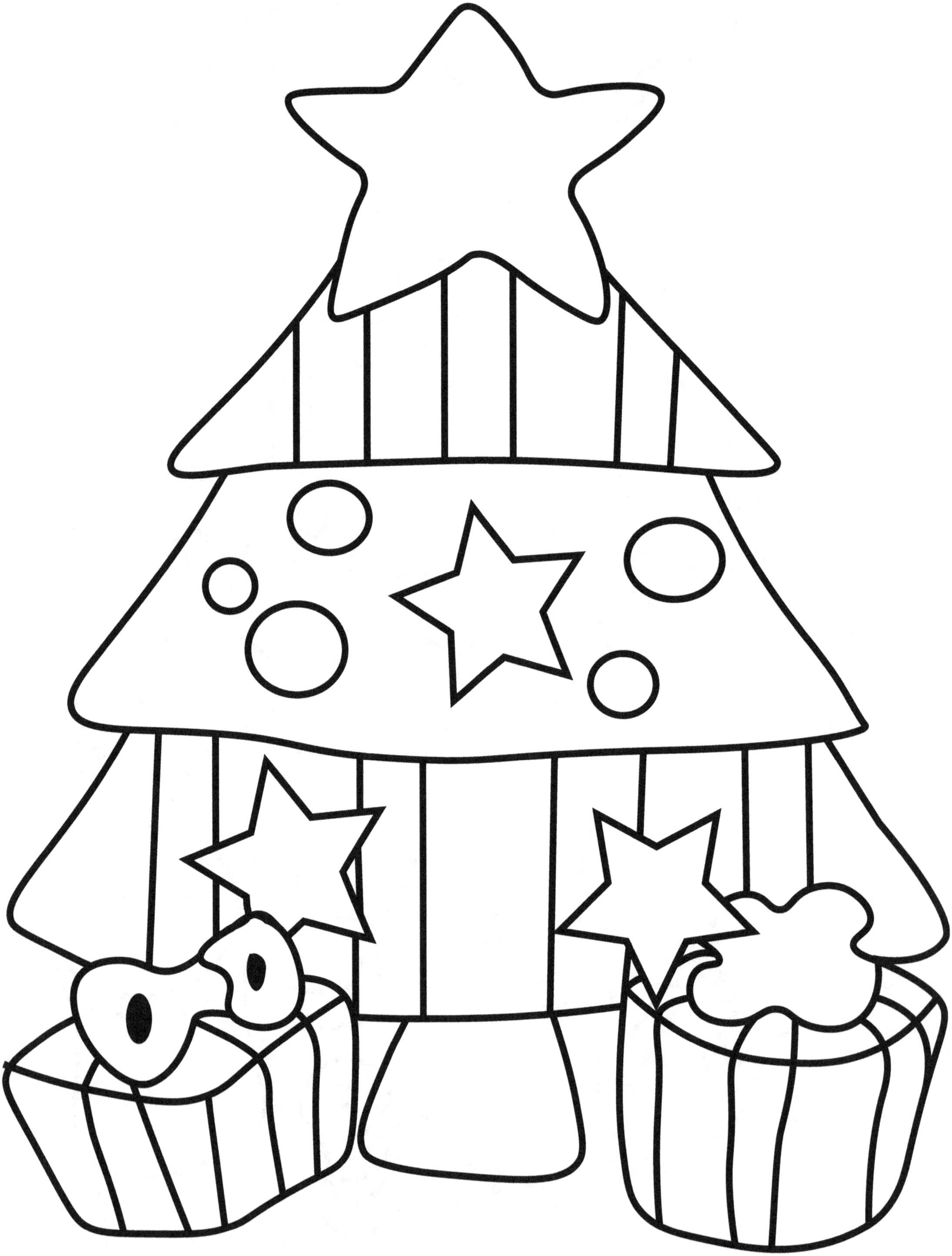

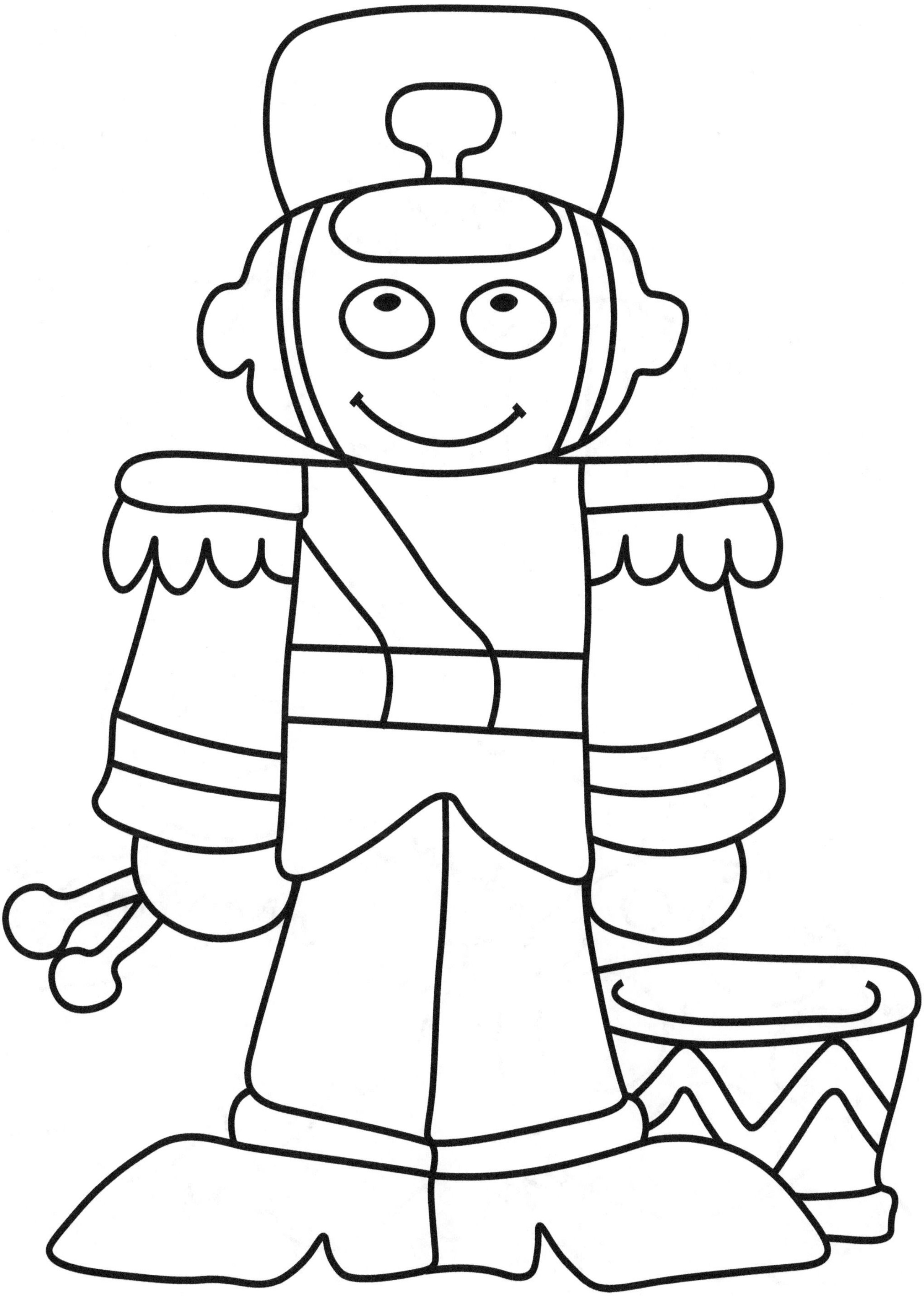

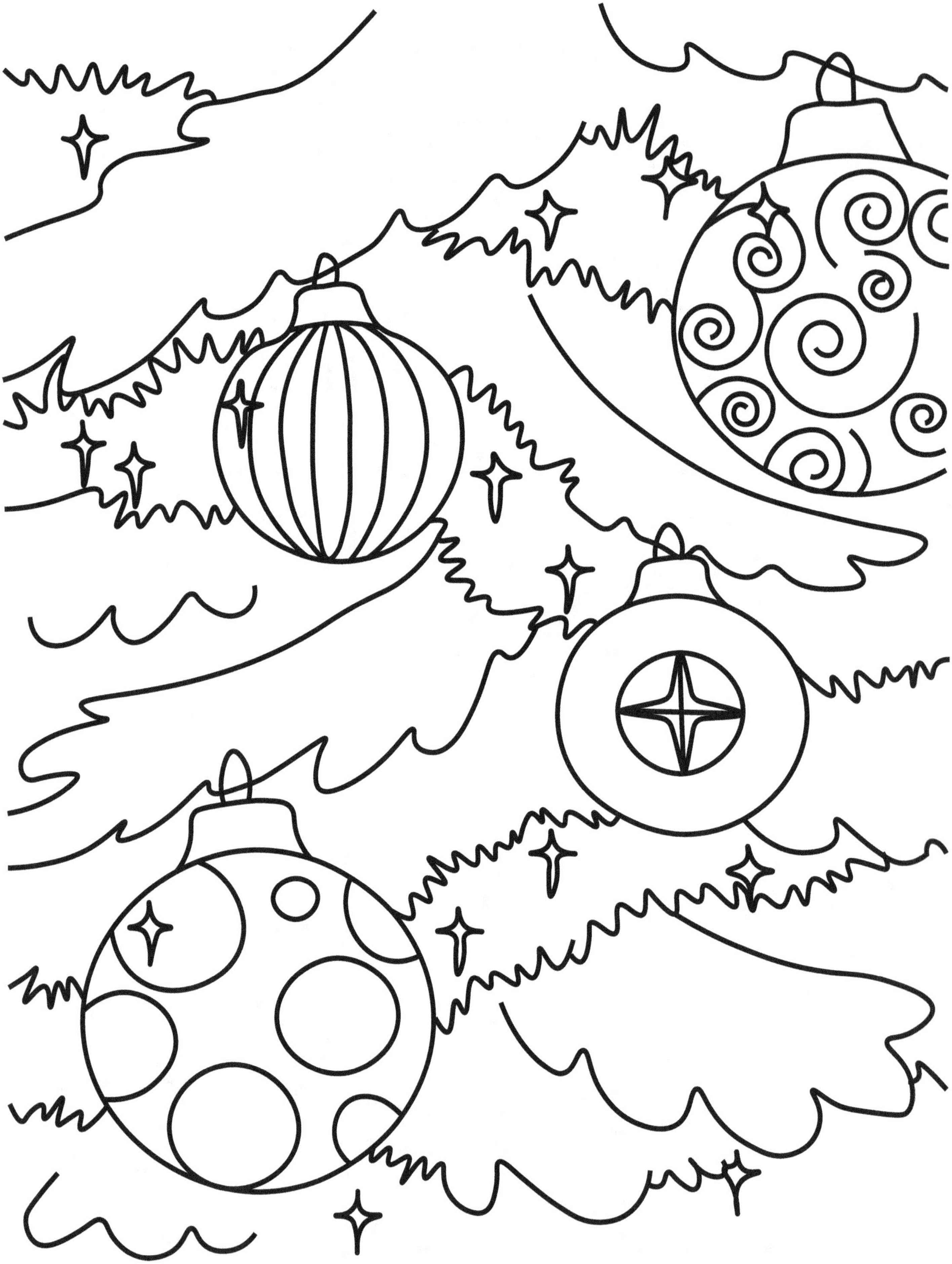

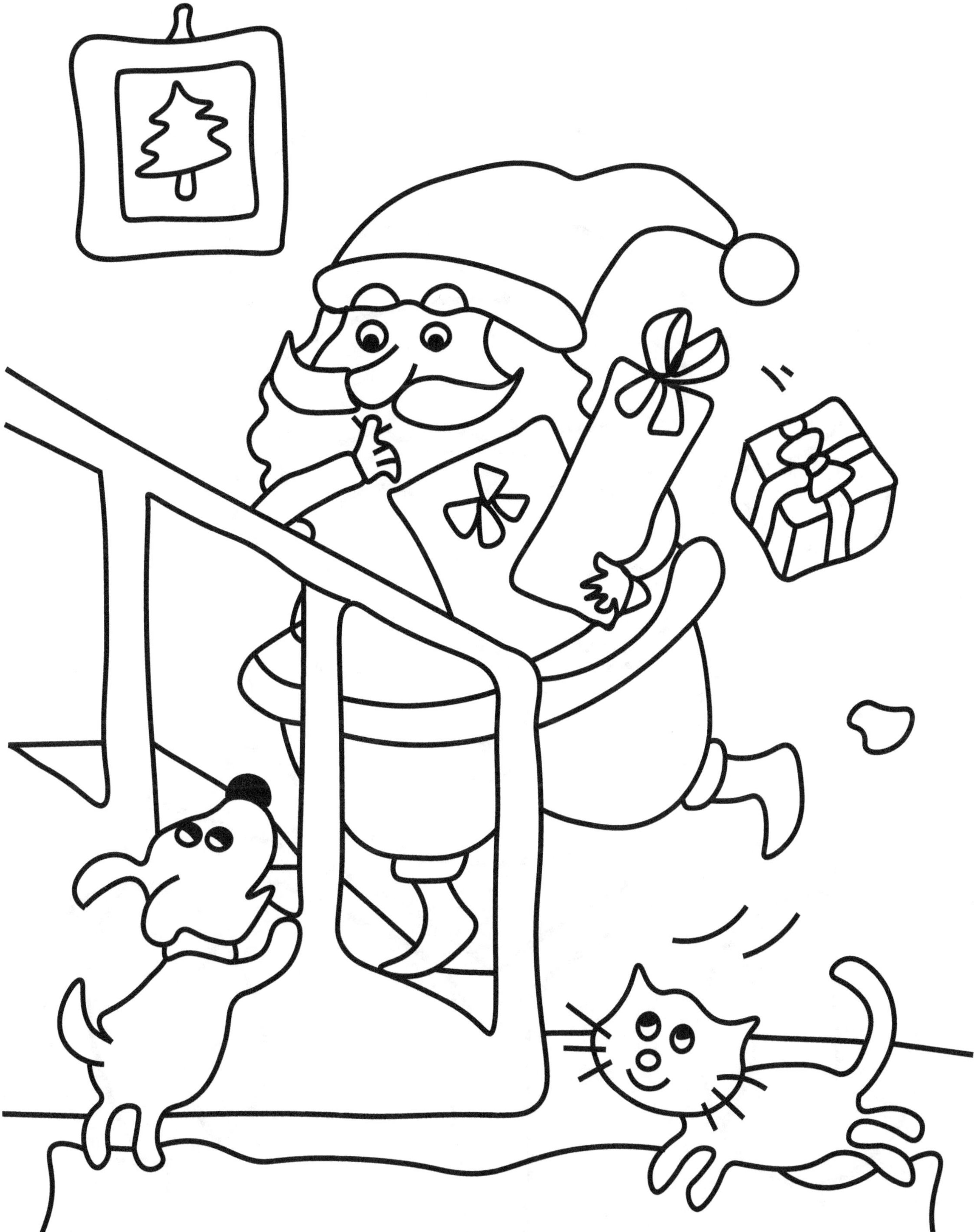

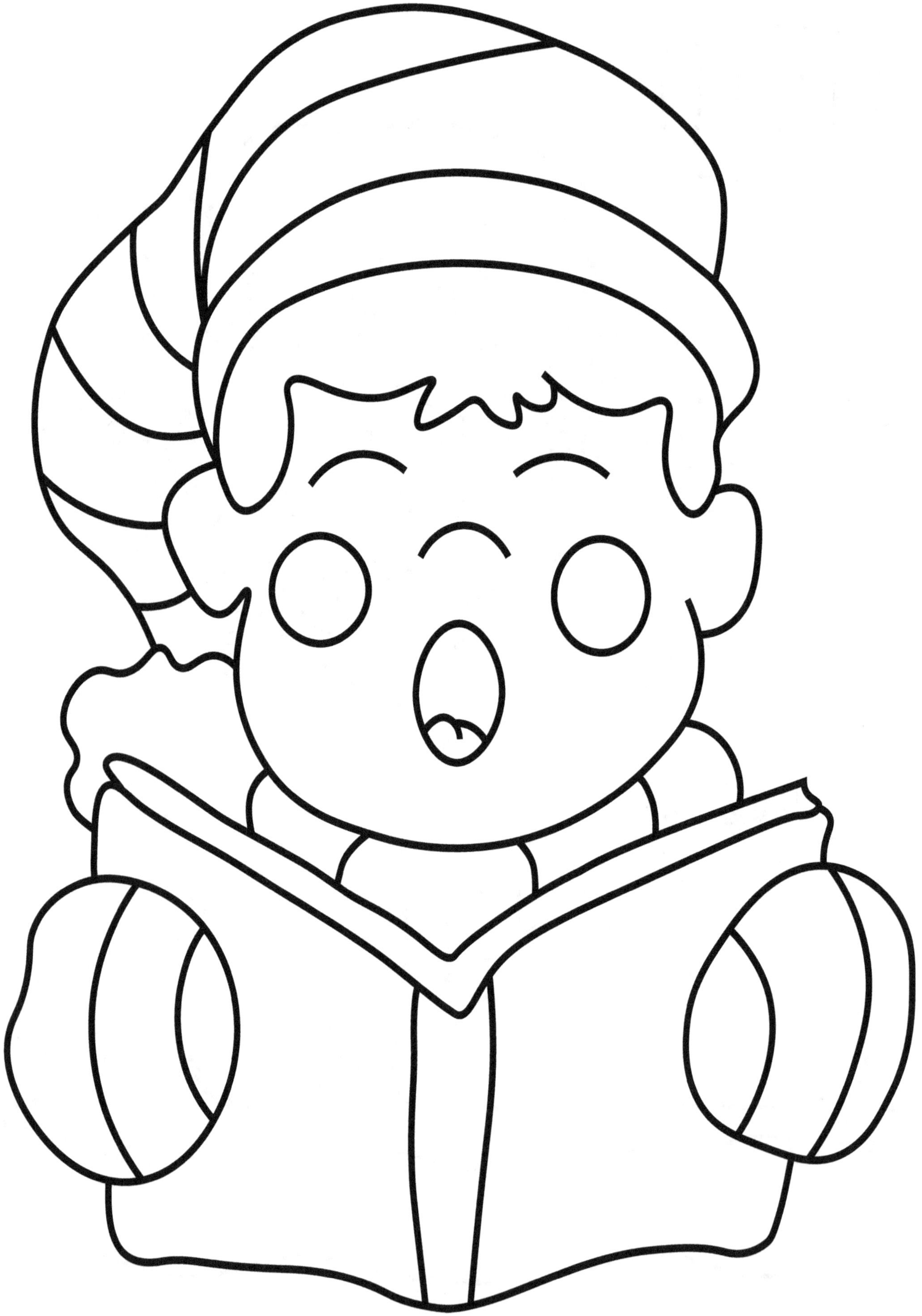

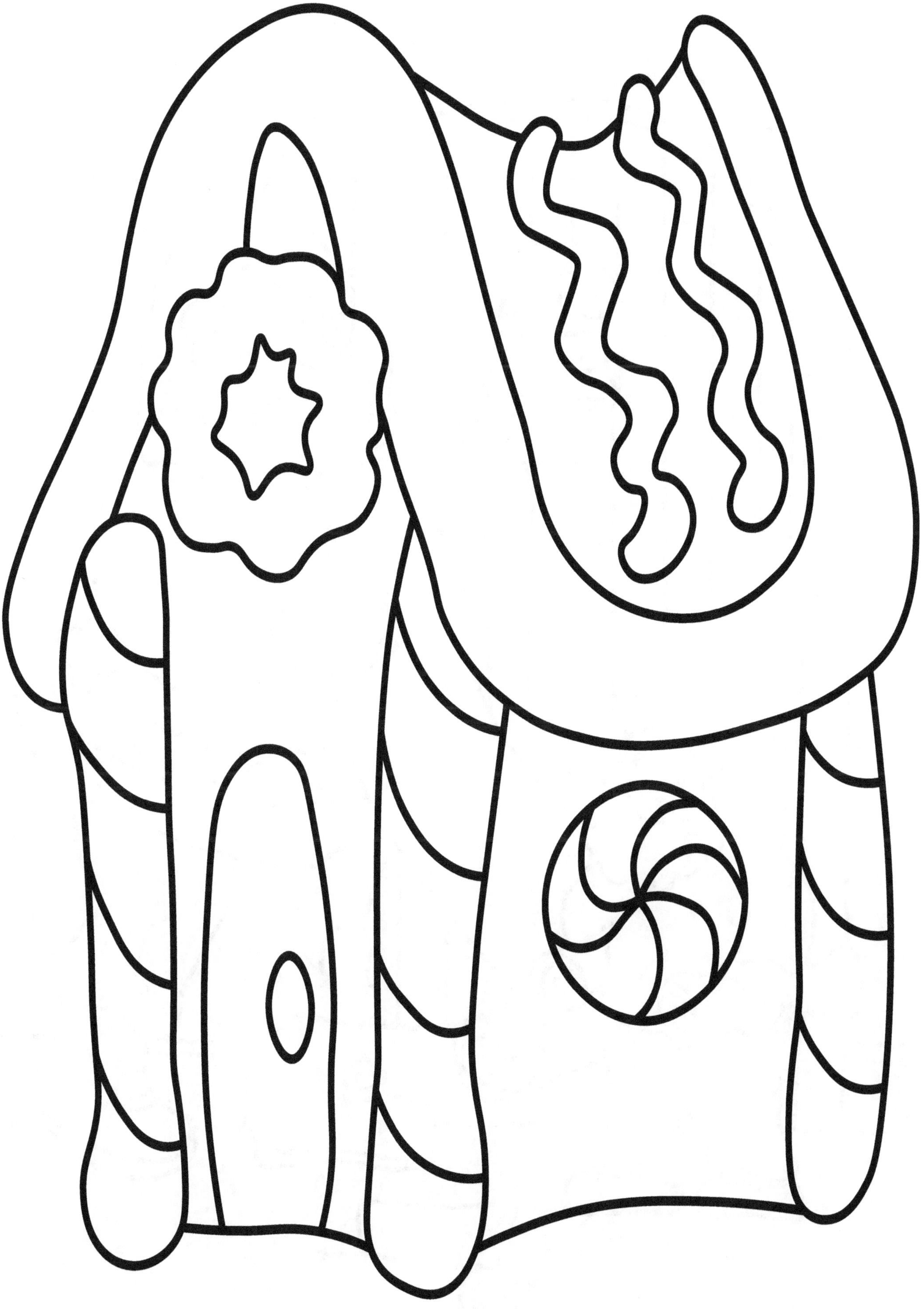

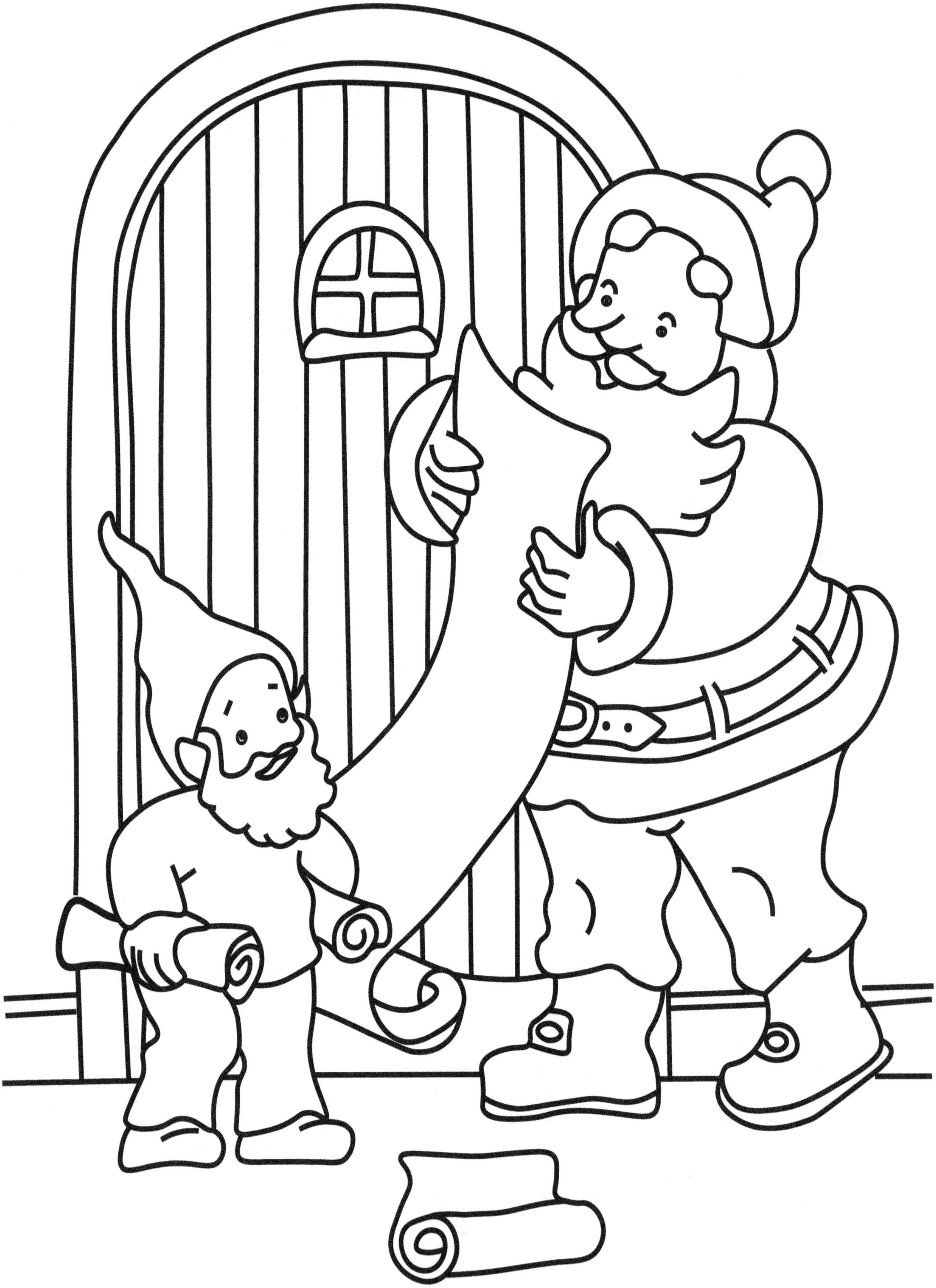

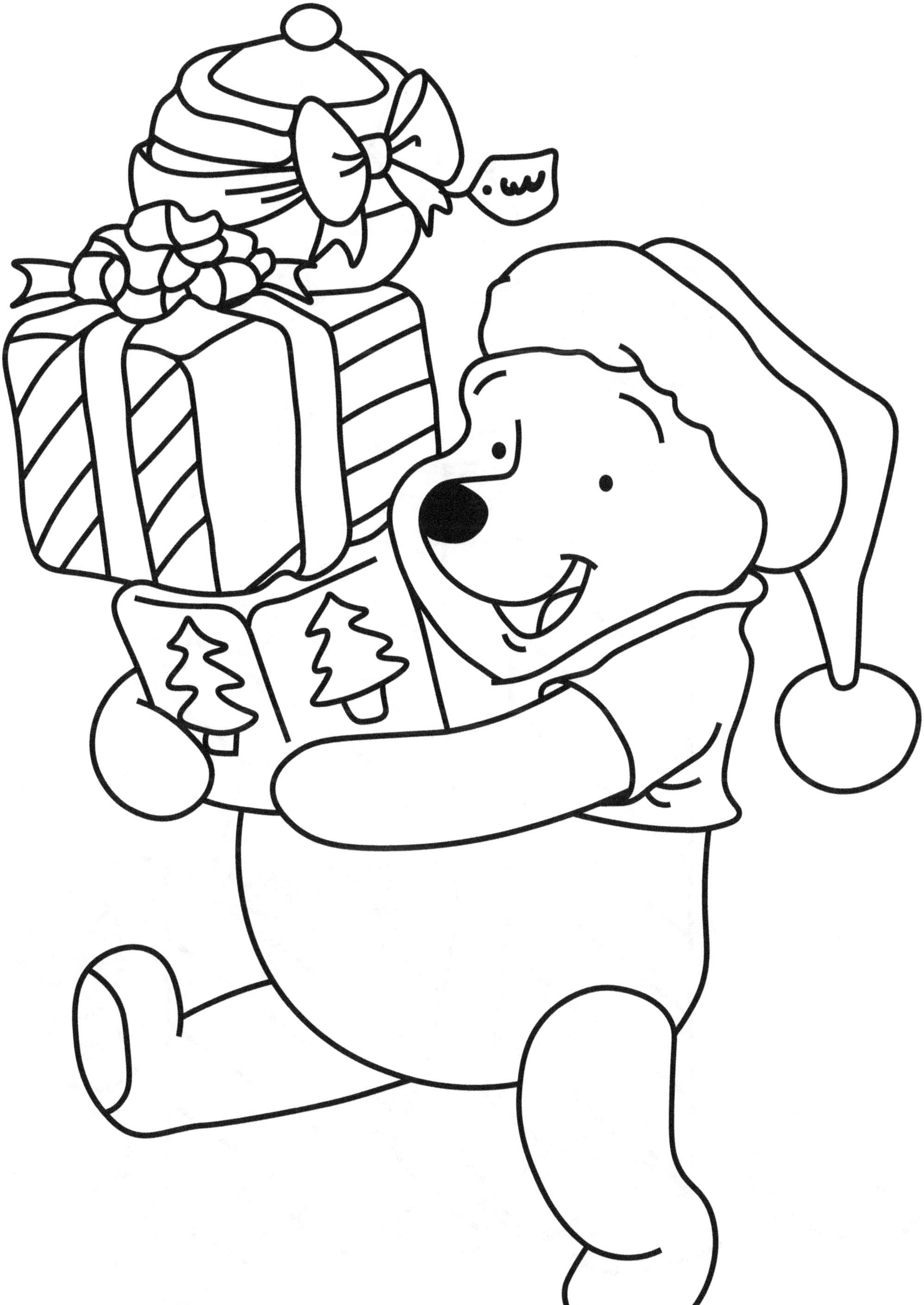

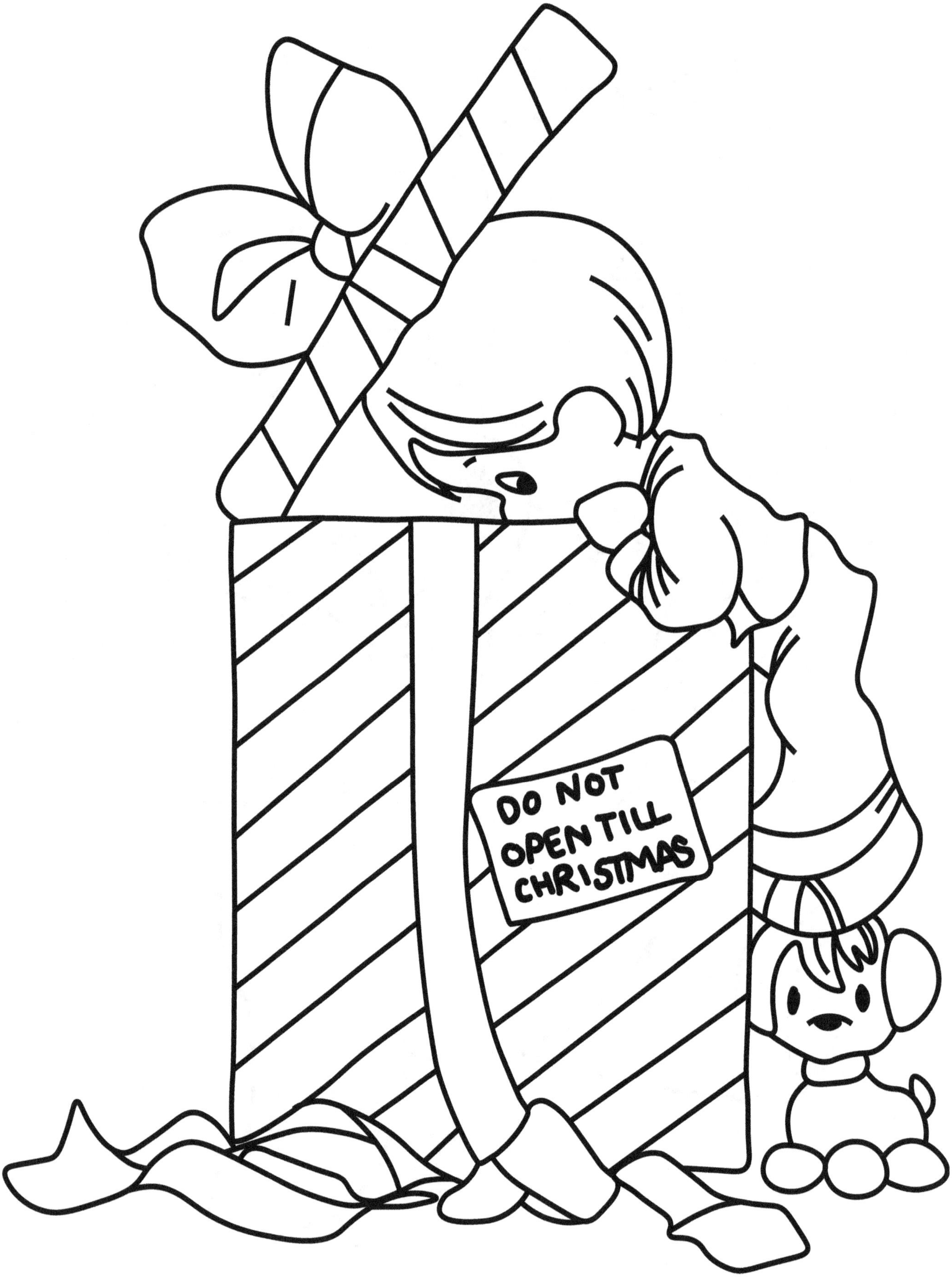
DO NOT
OPEN TILL
CHRISTMAS

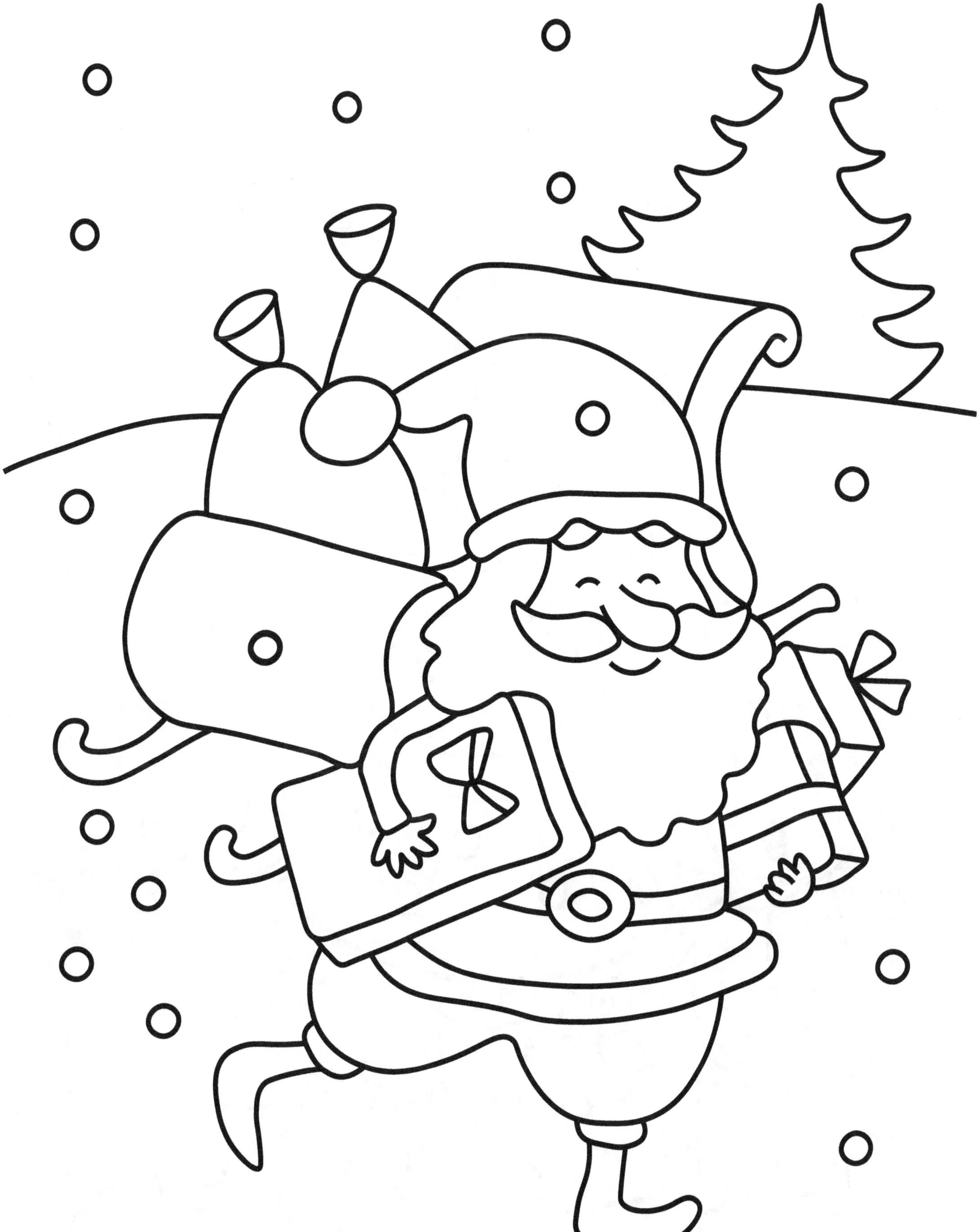

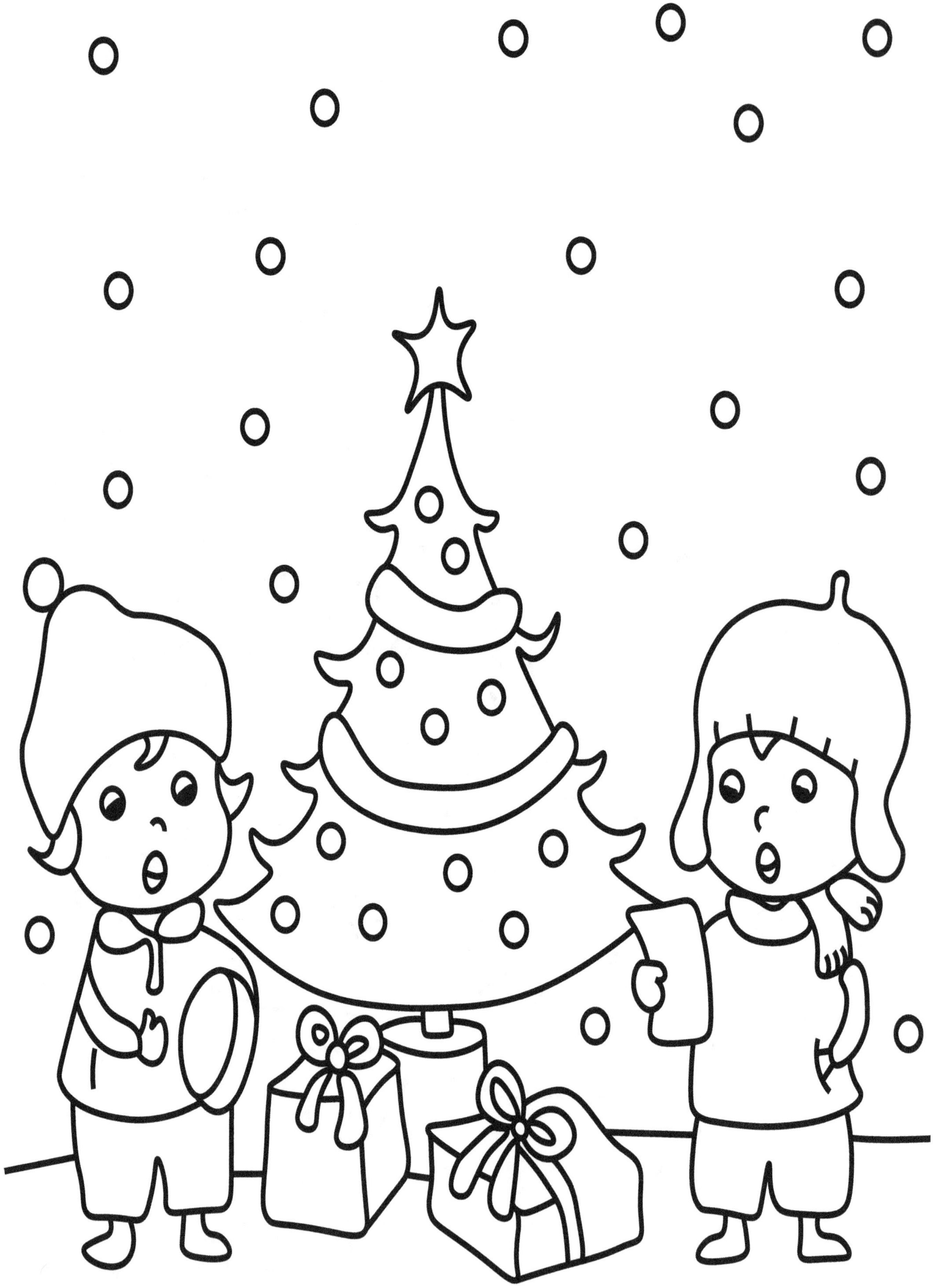

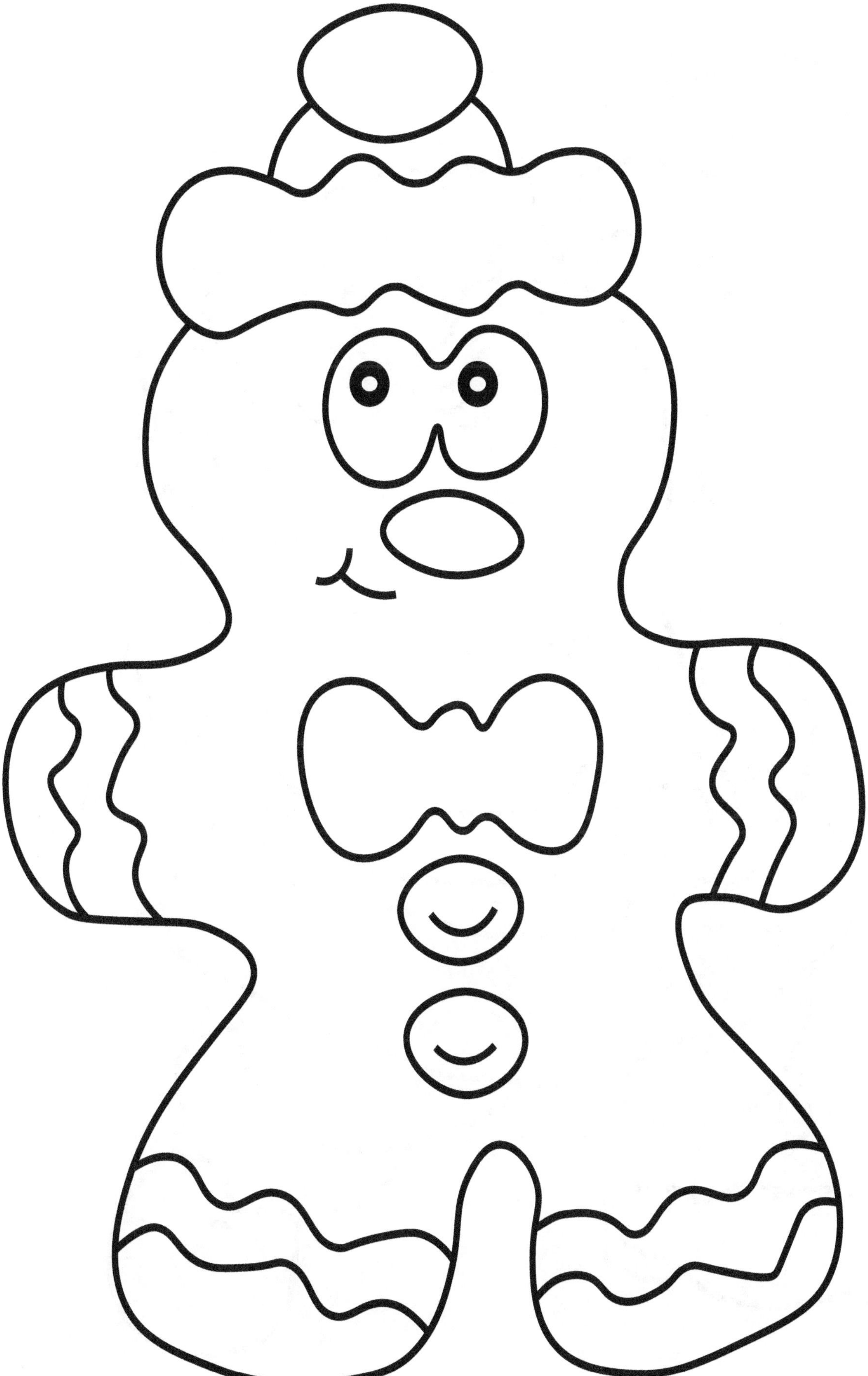

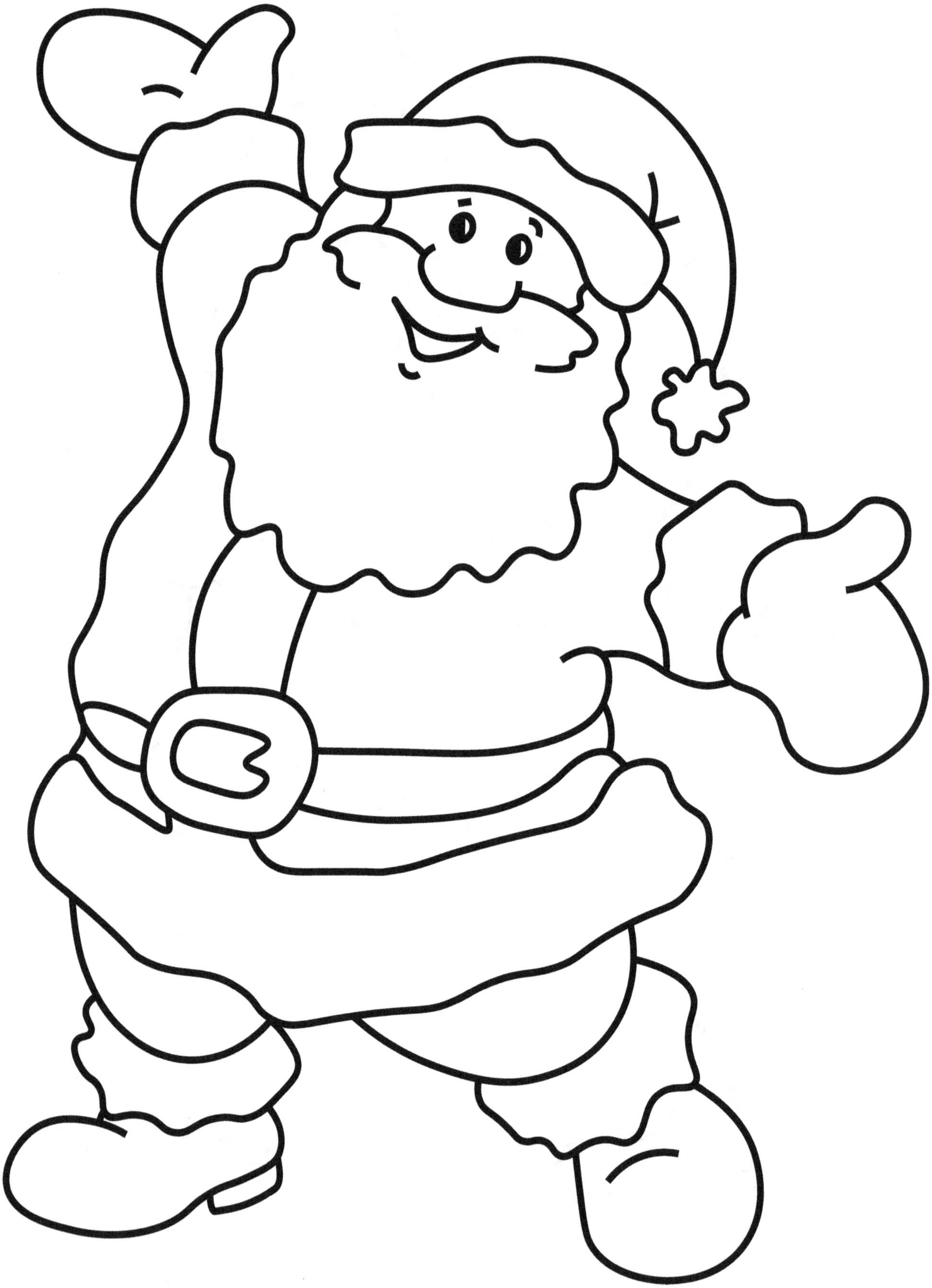

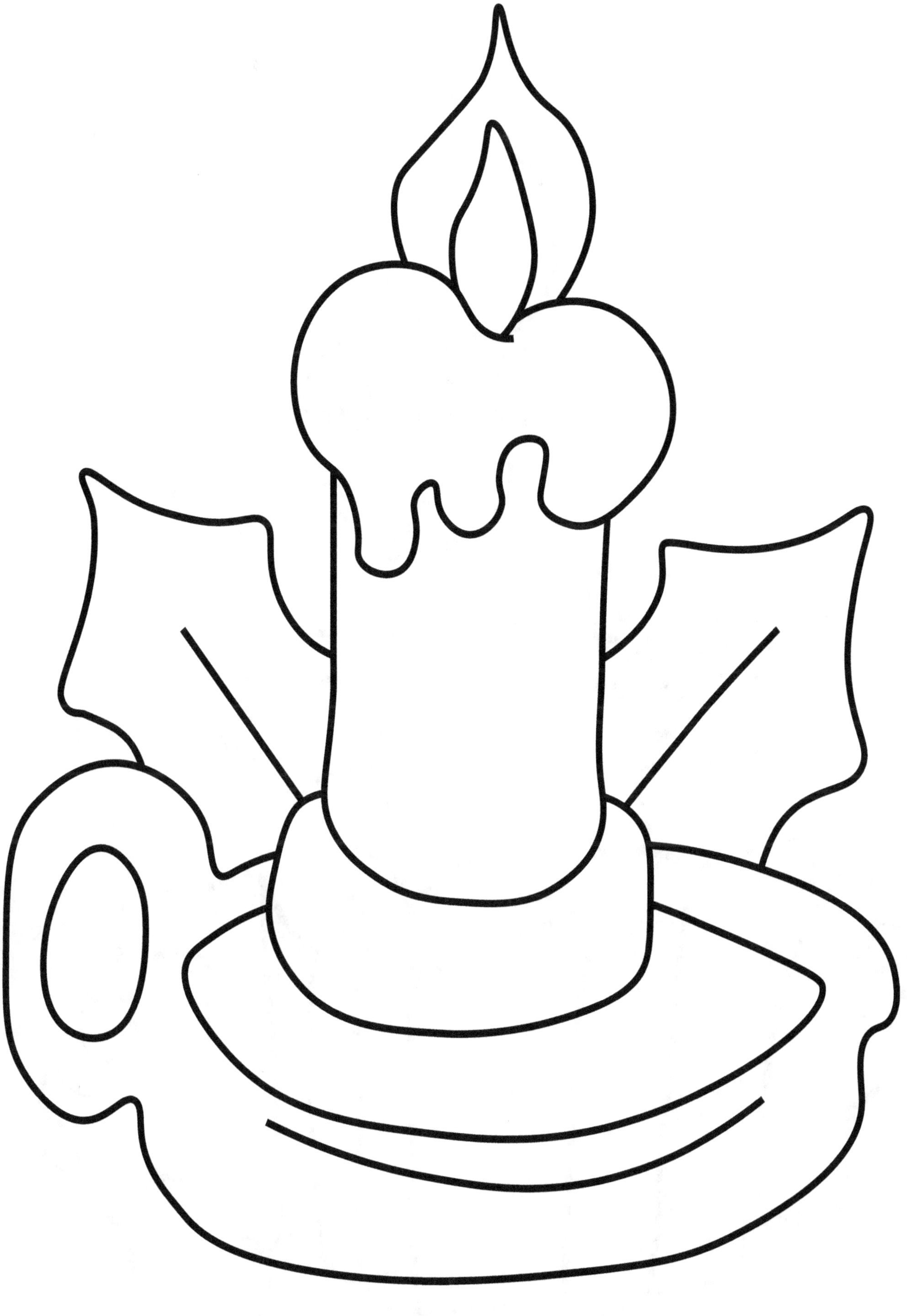

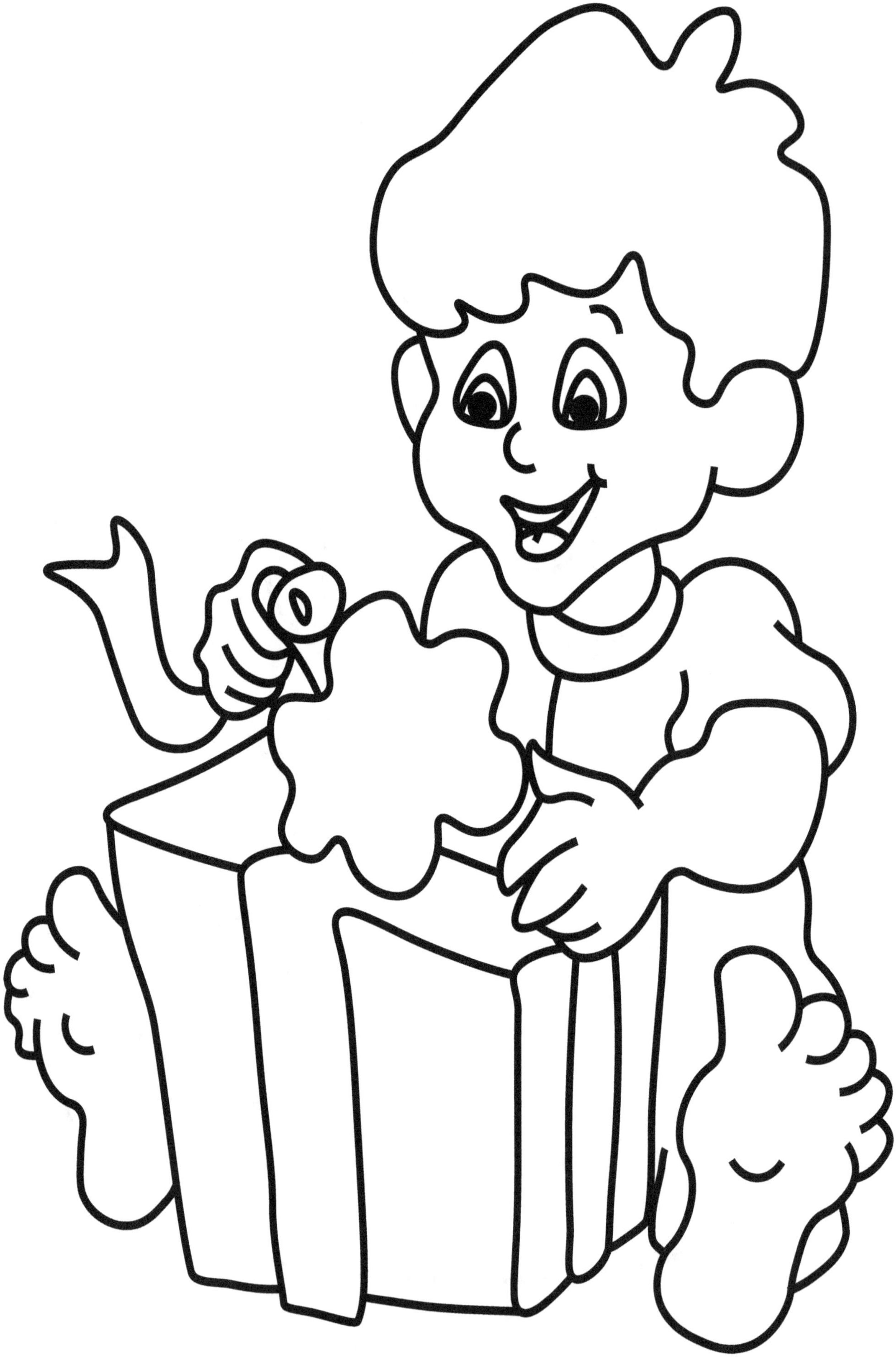

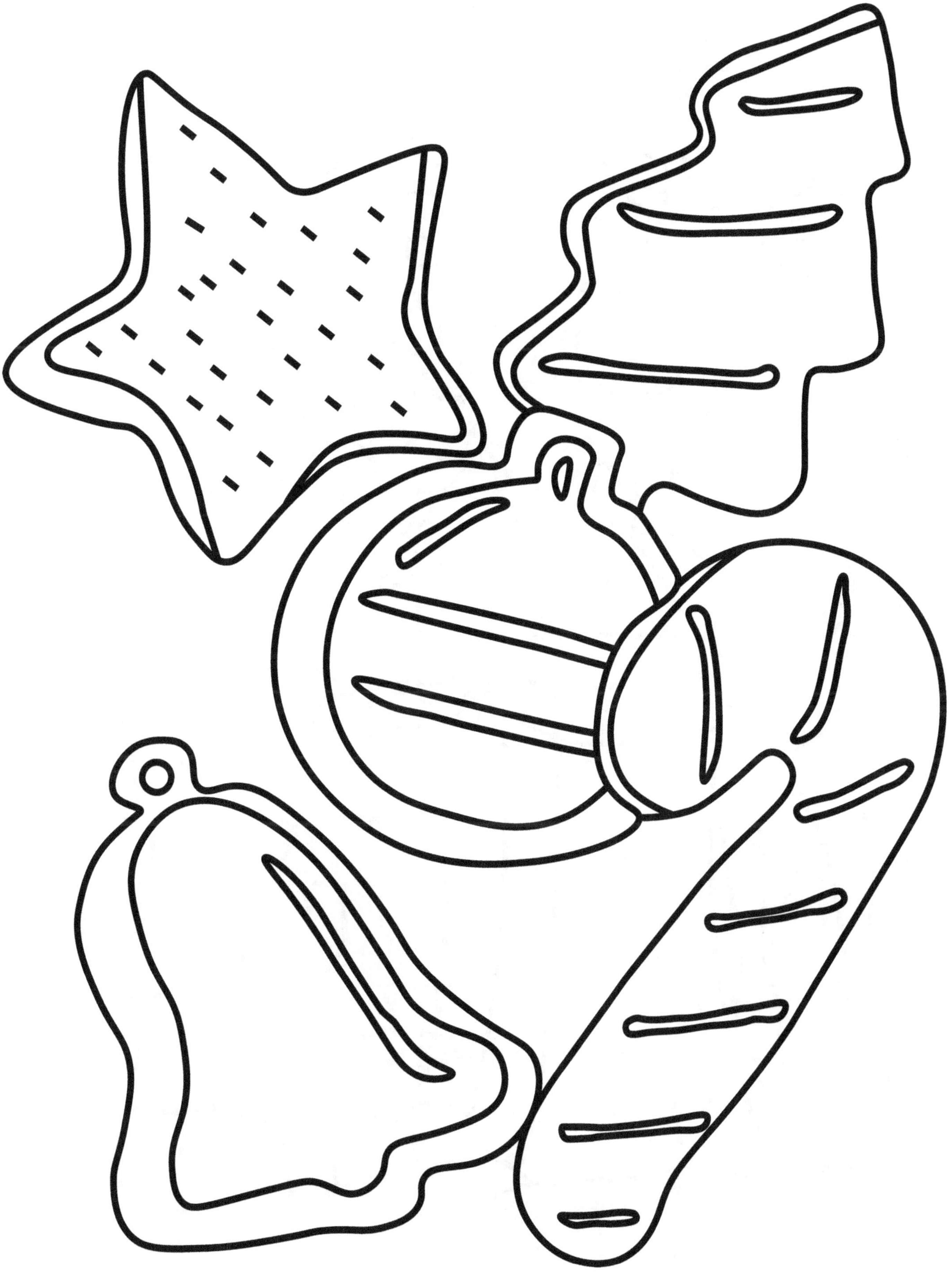

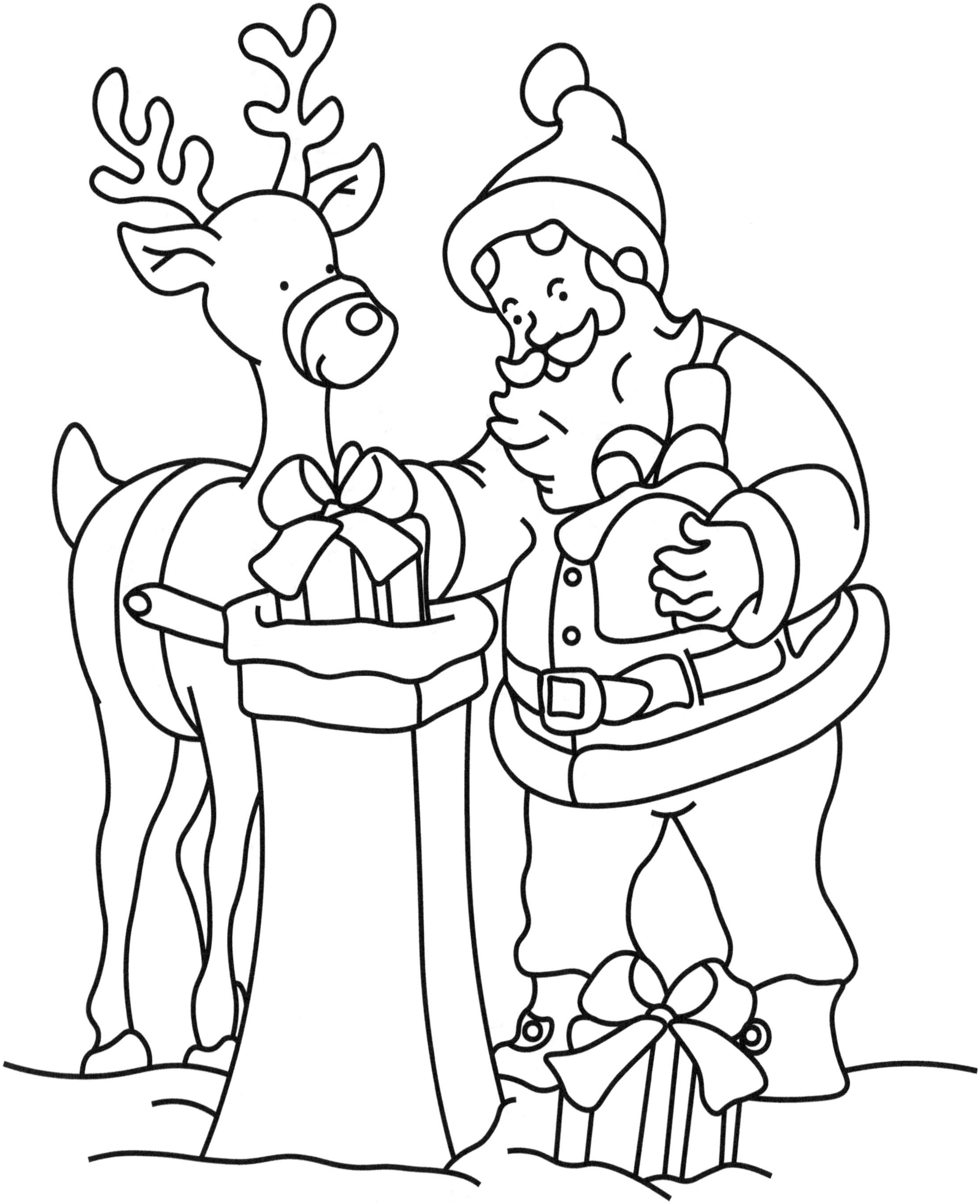

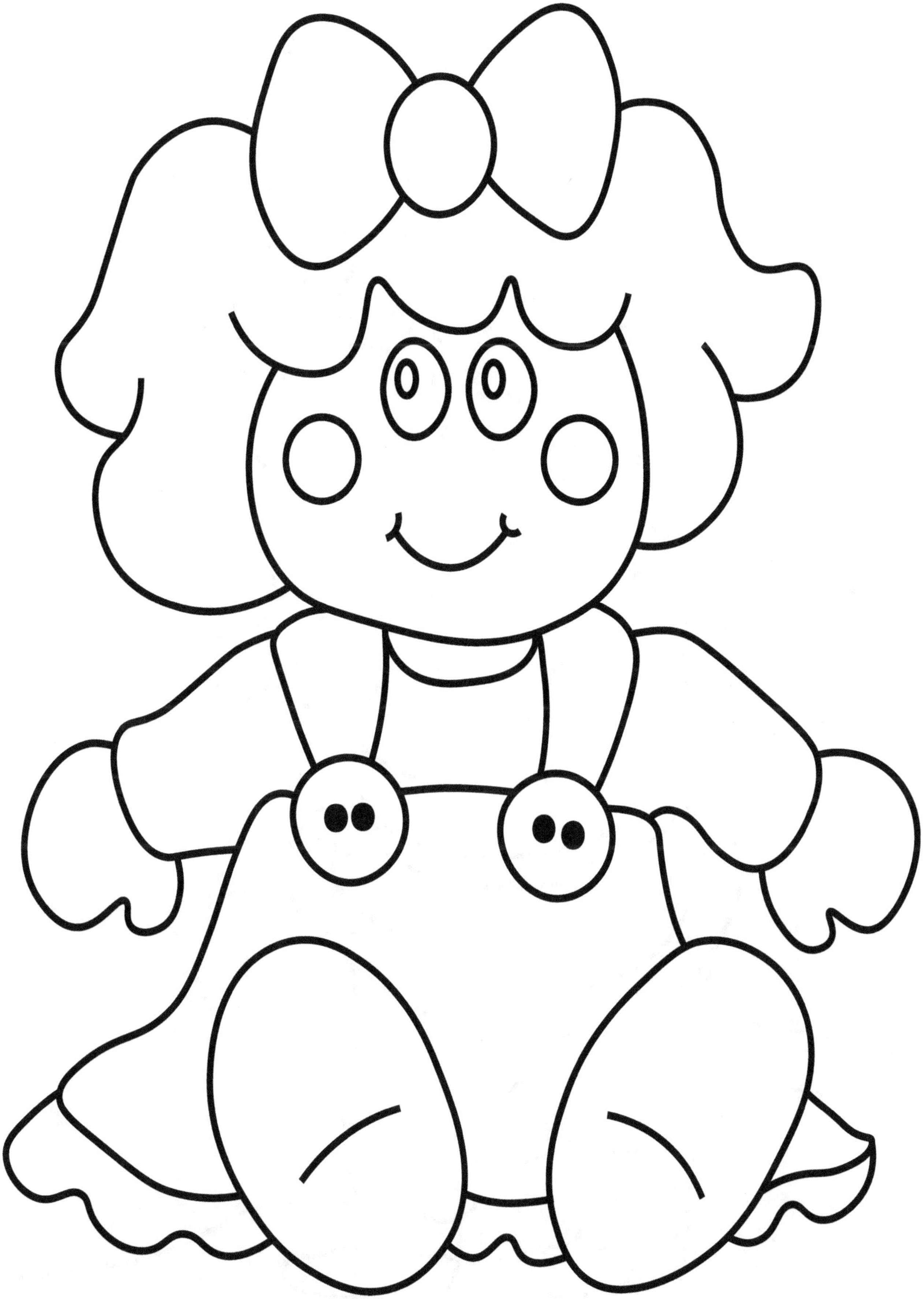

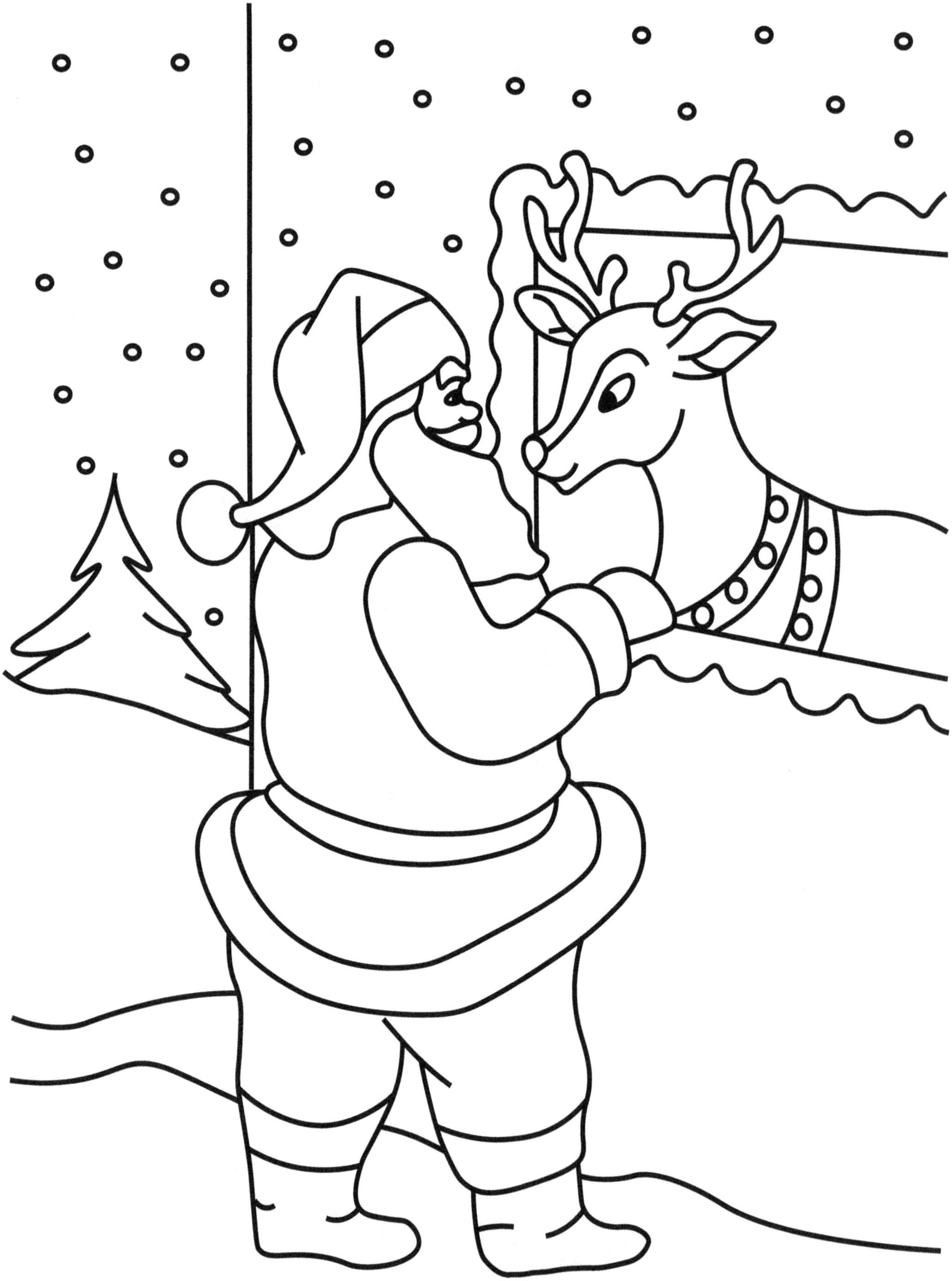

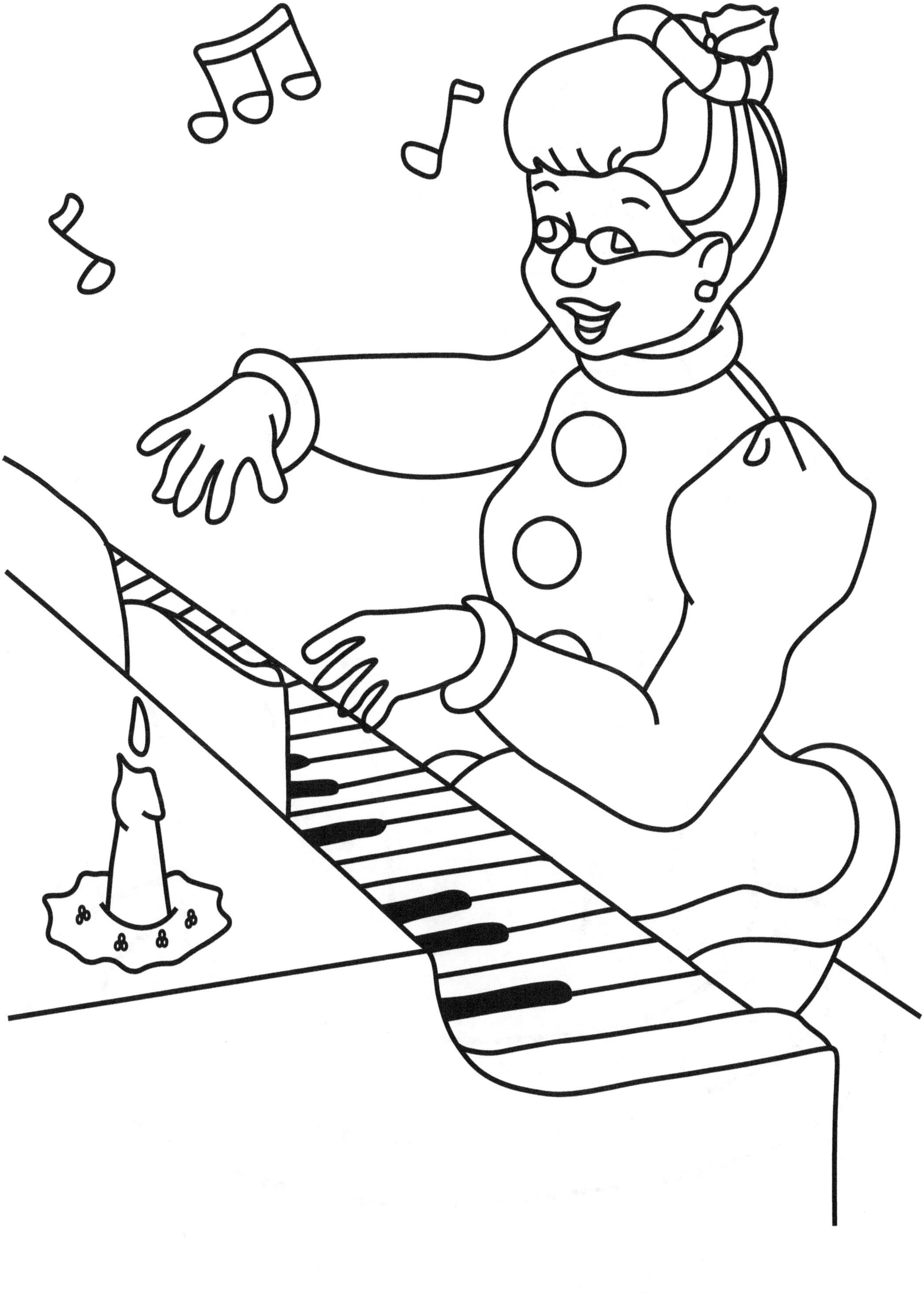

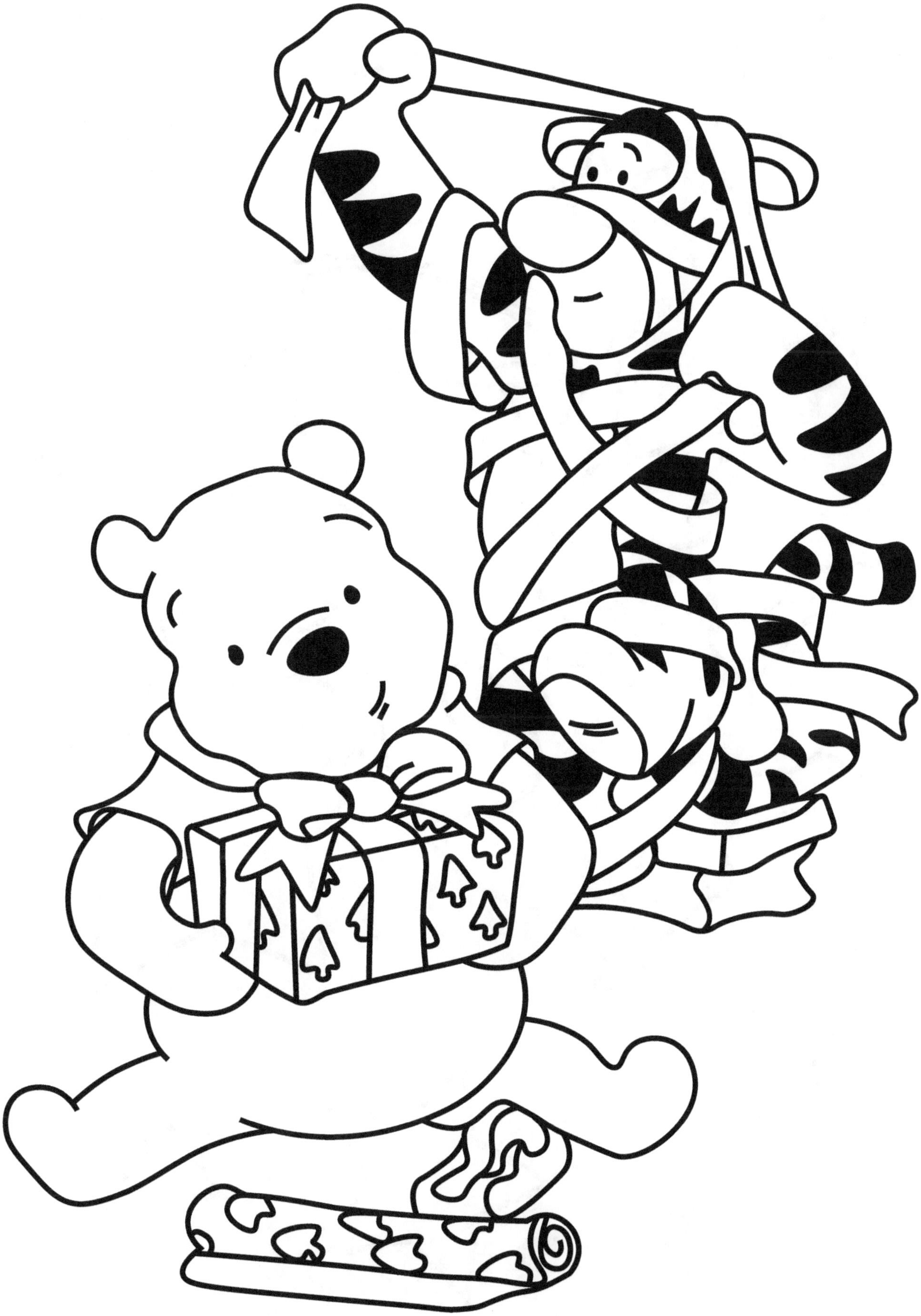

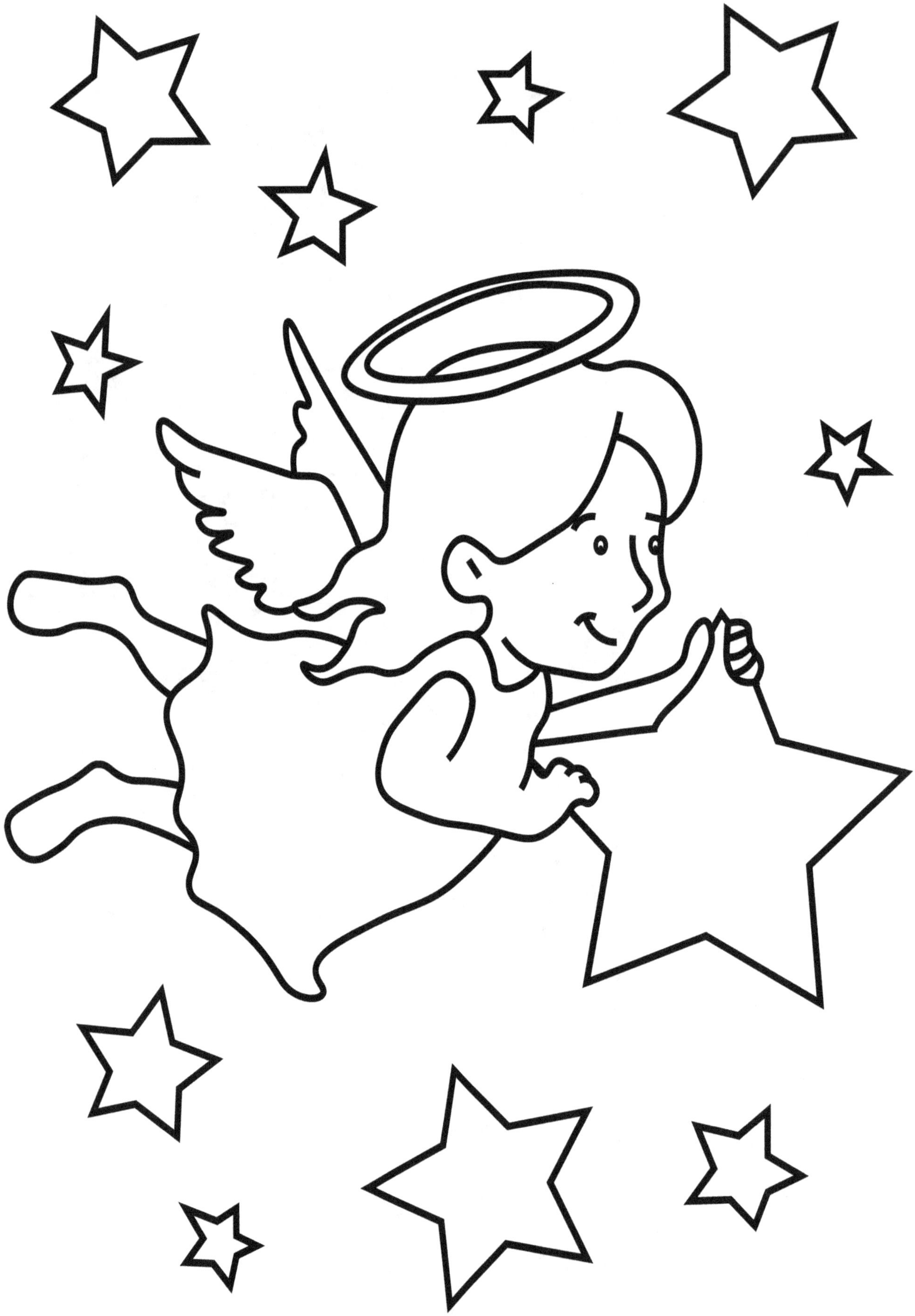

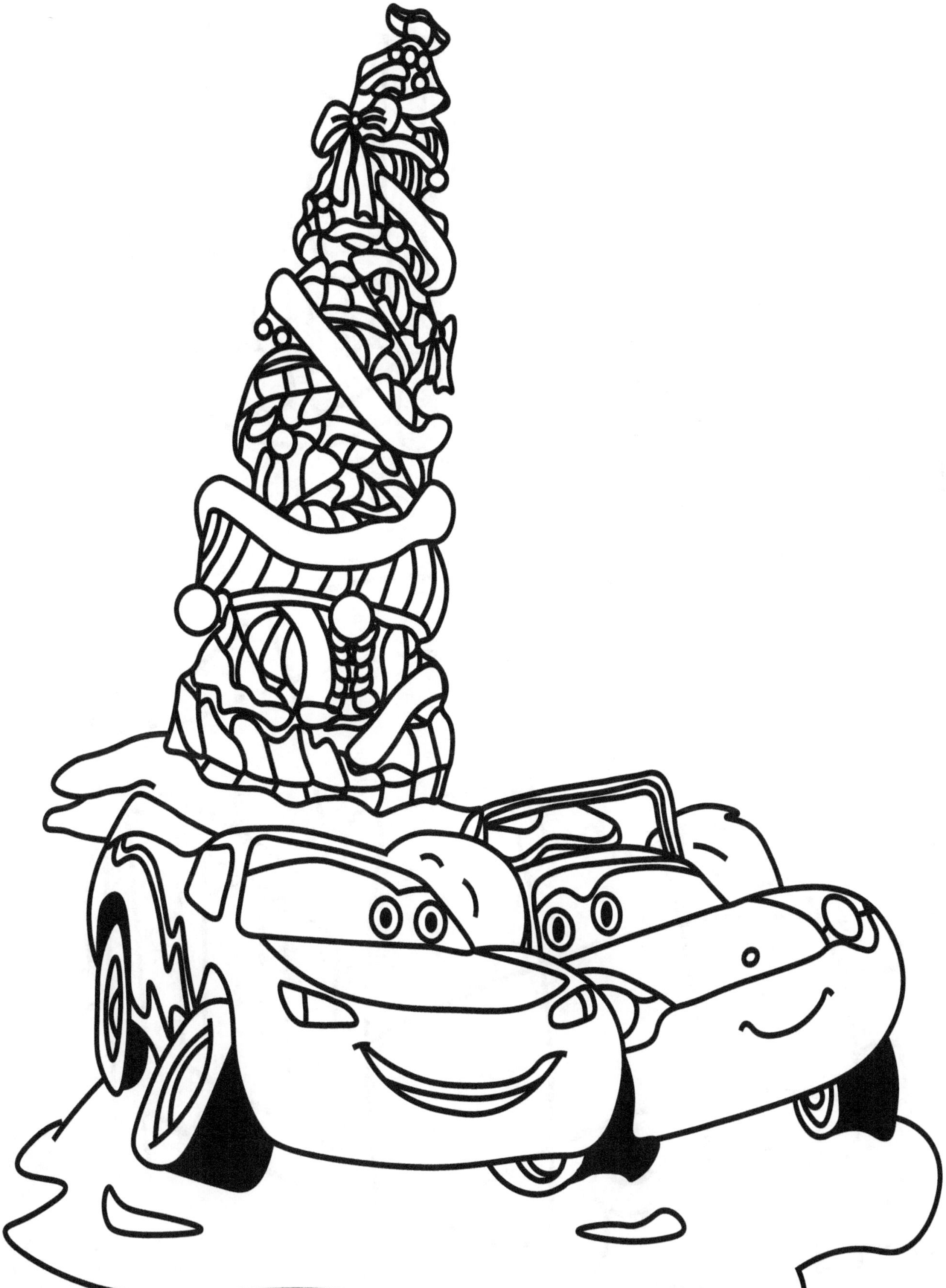

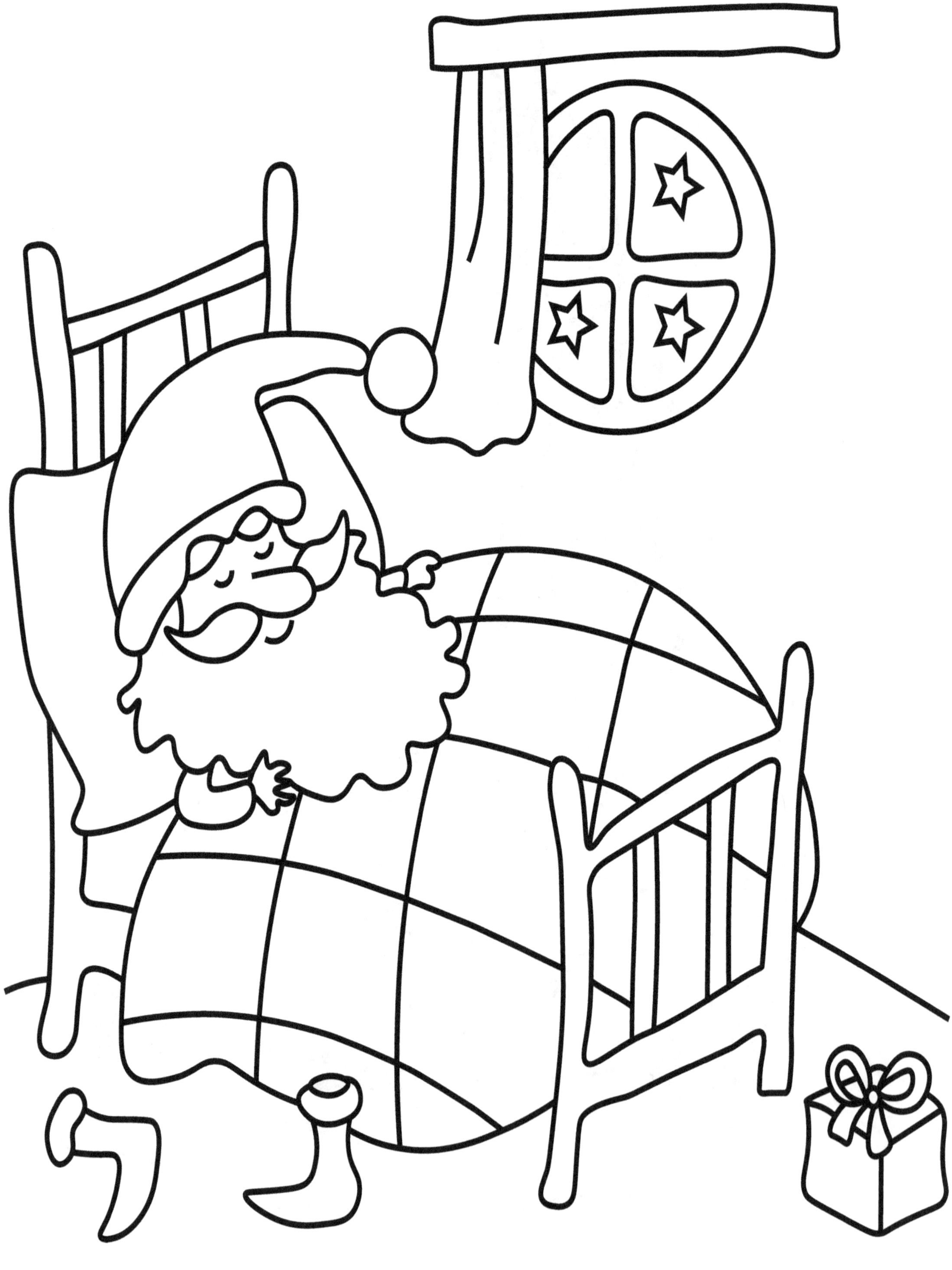

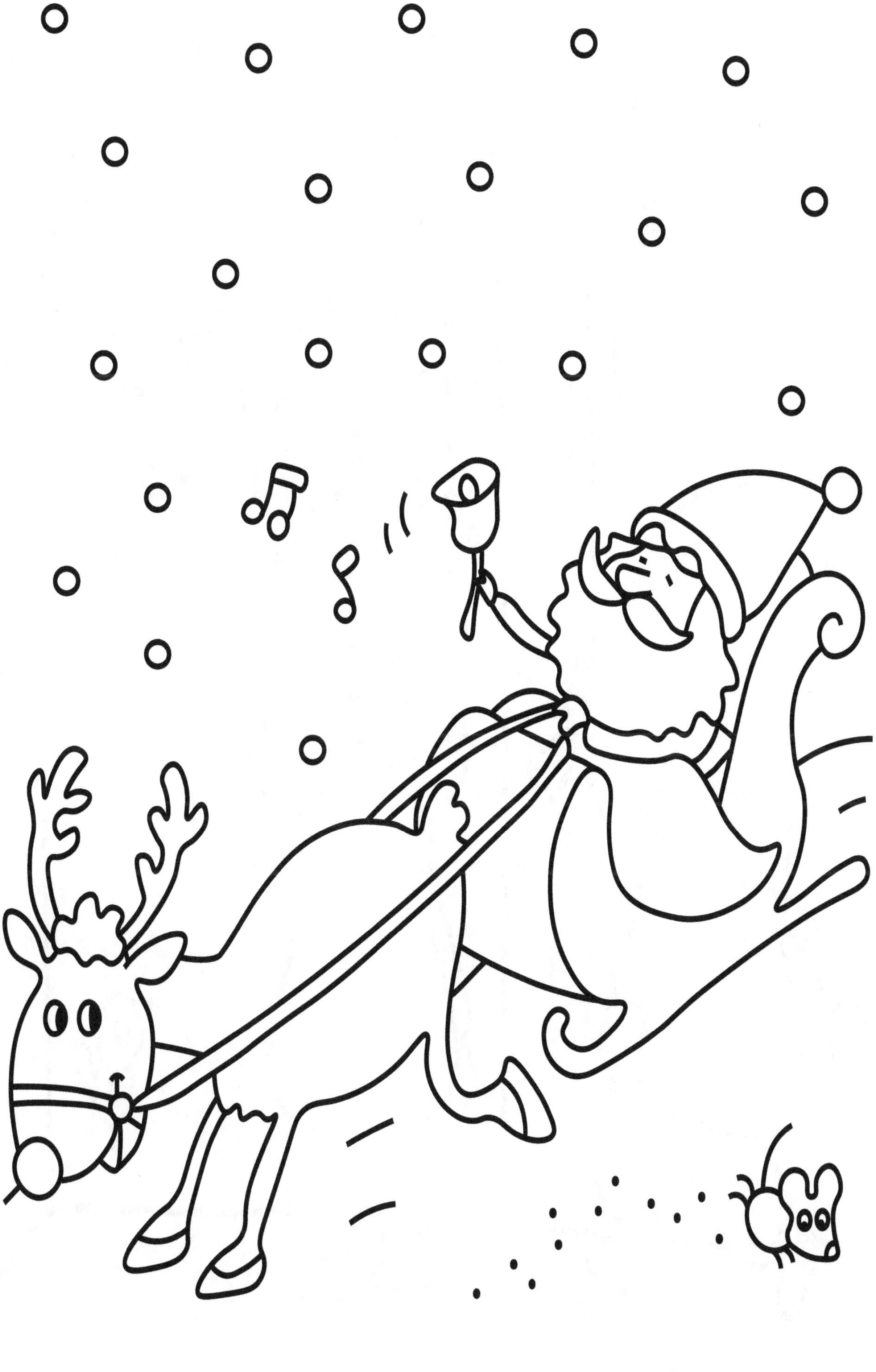

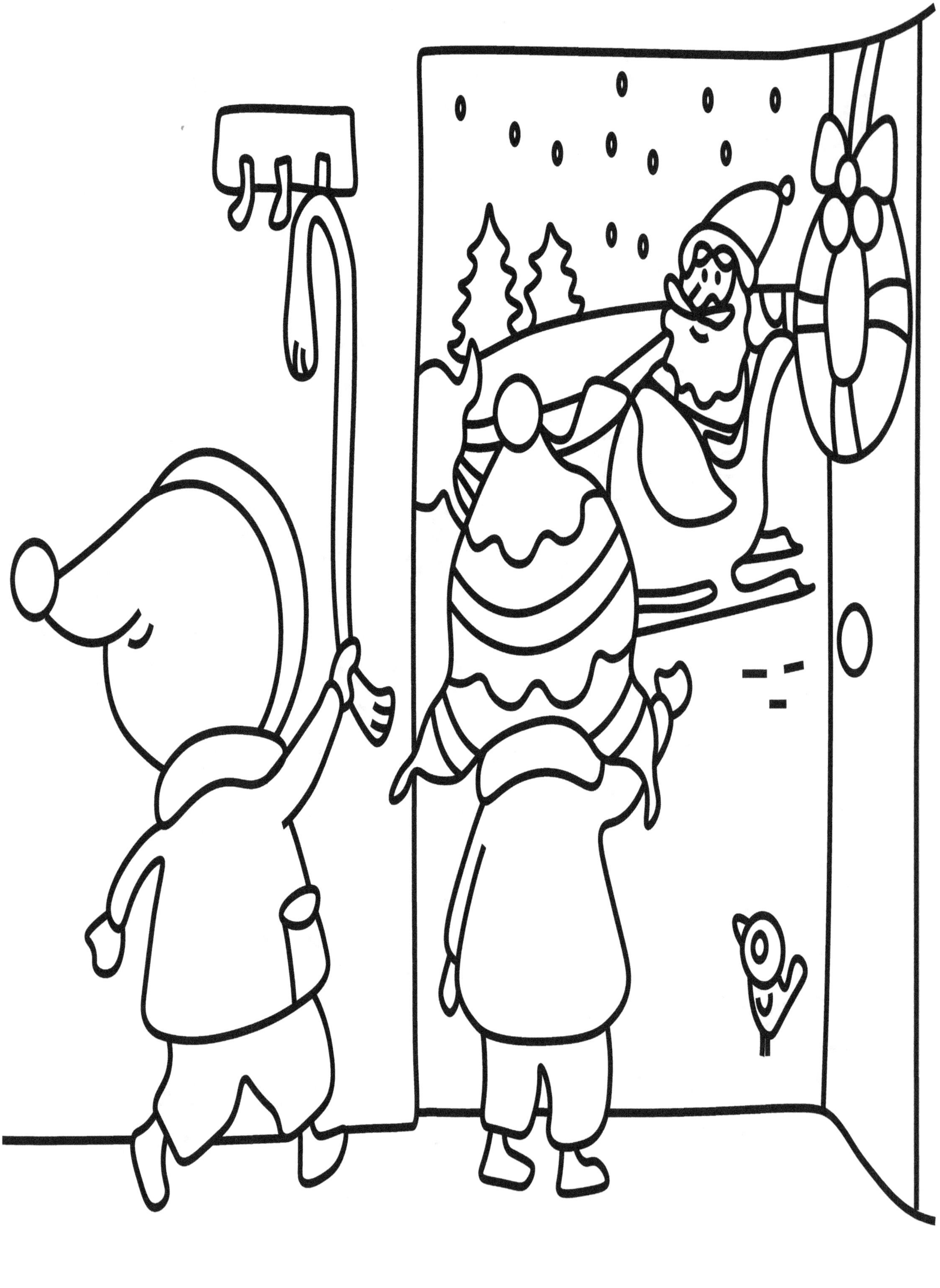

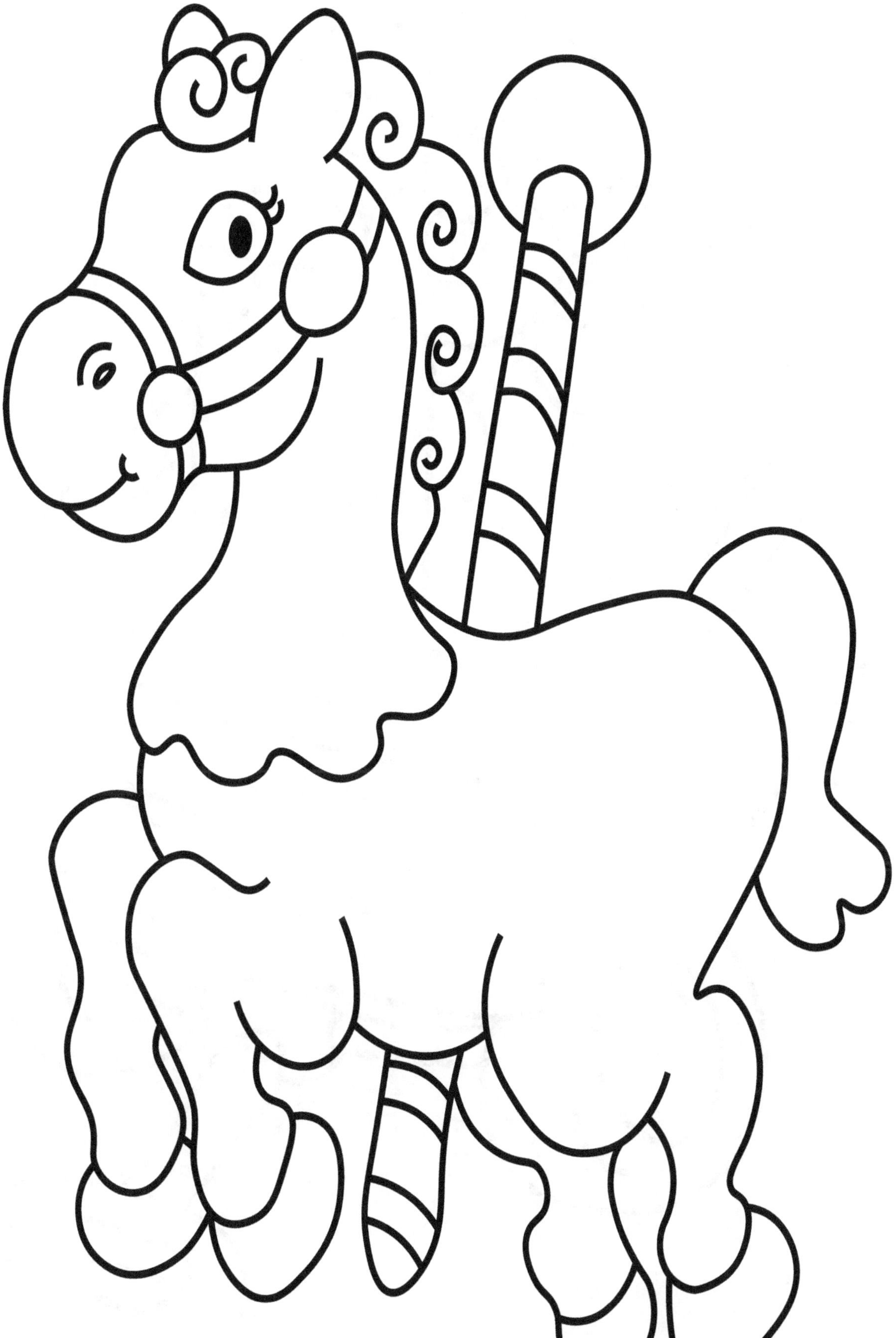

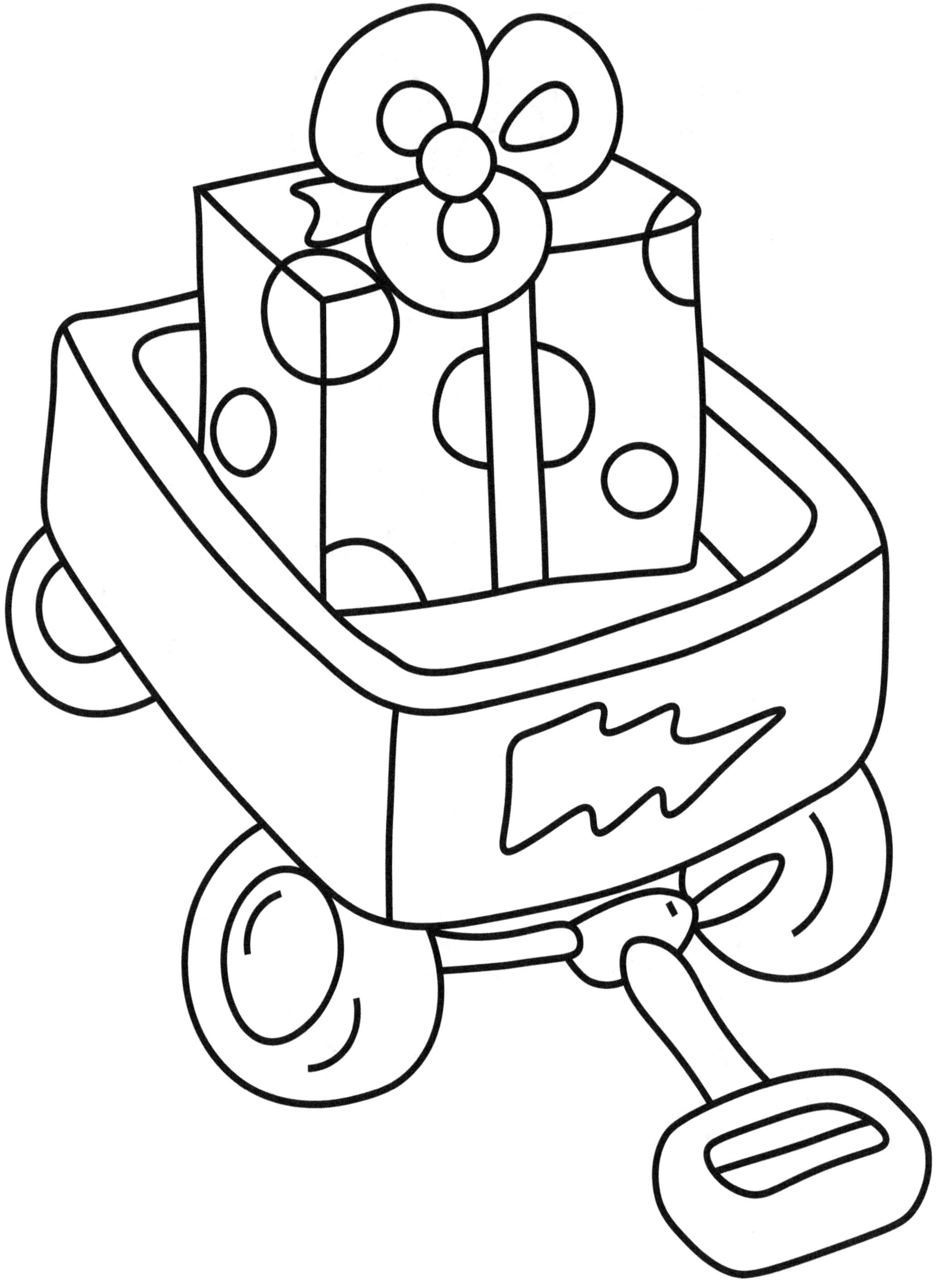

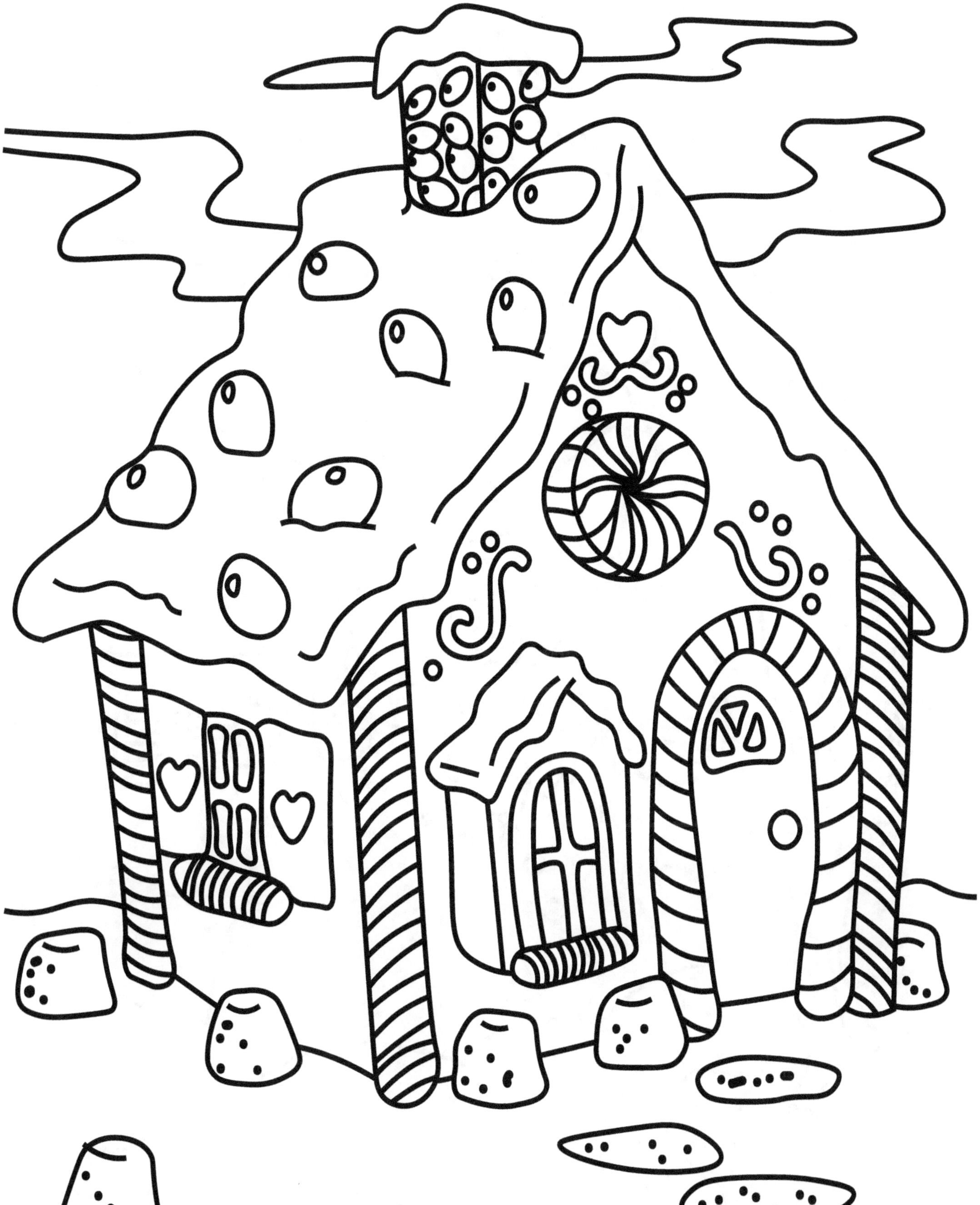

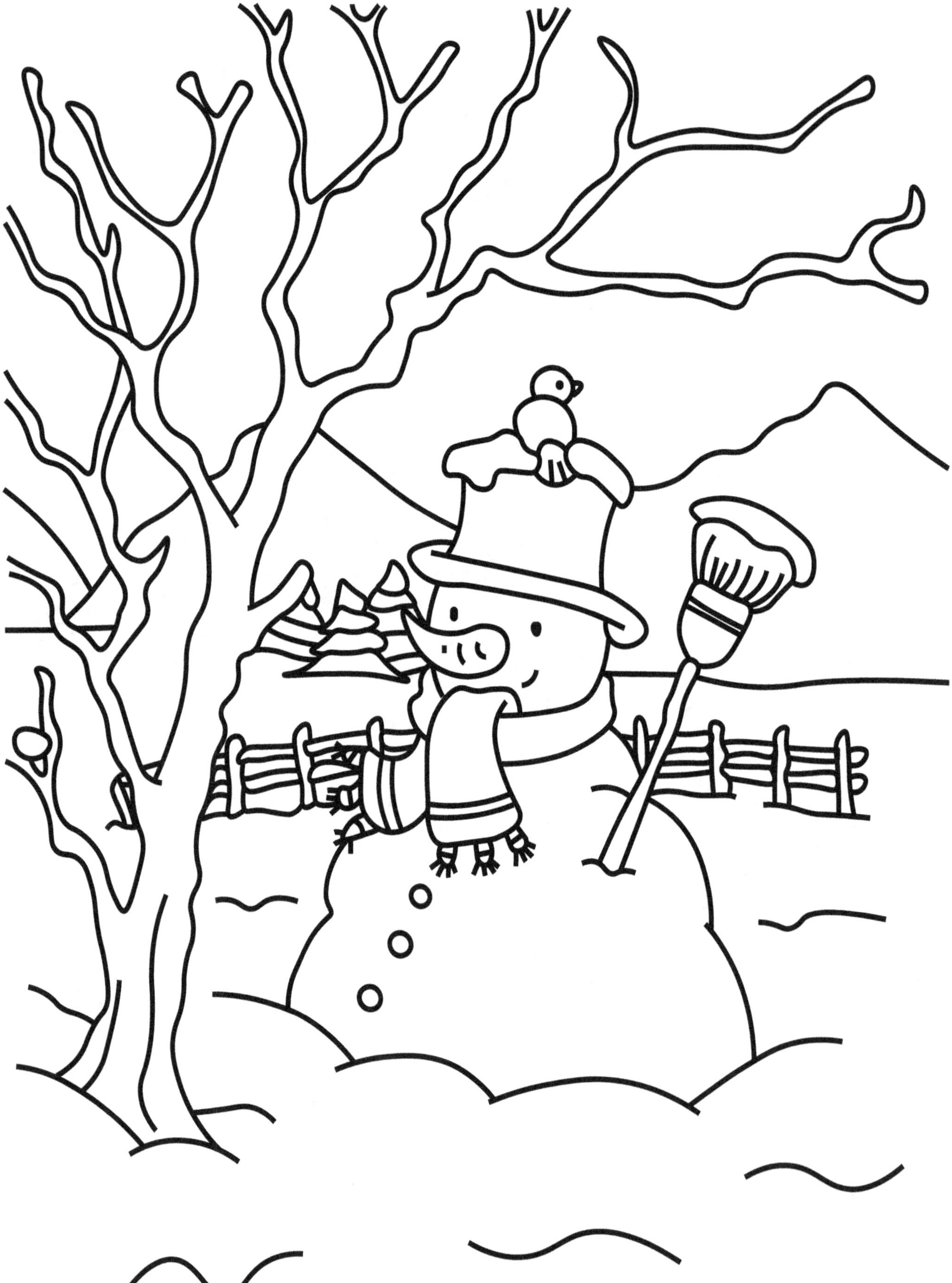

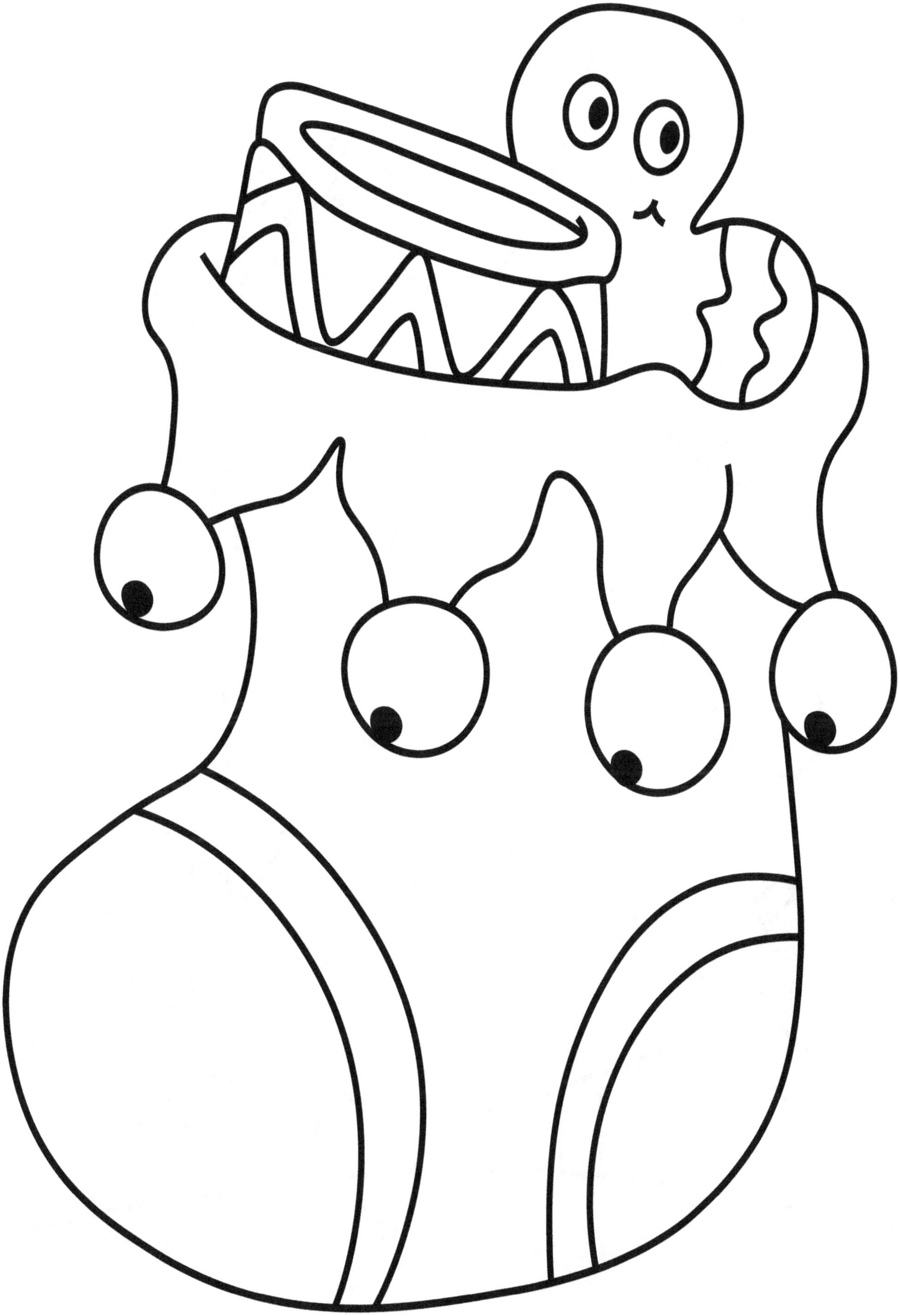

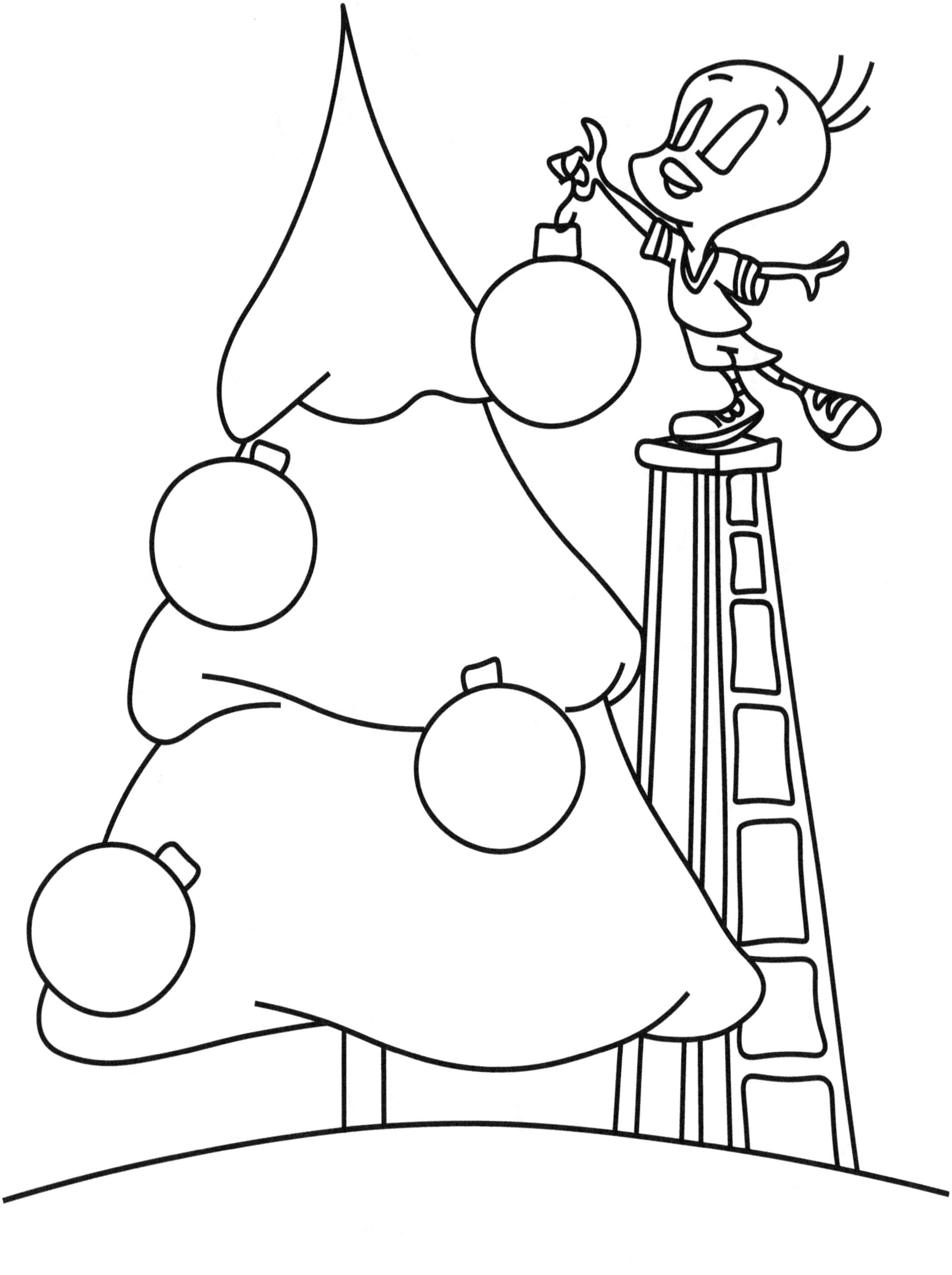

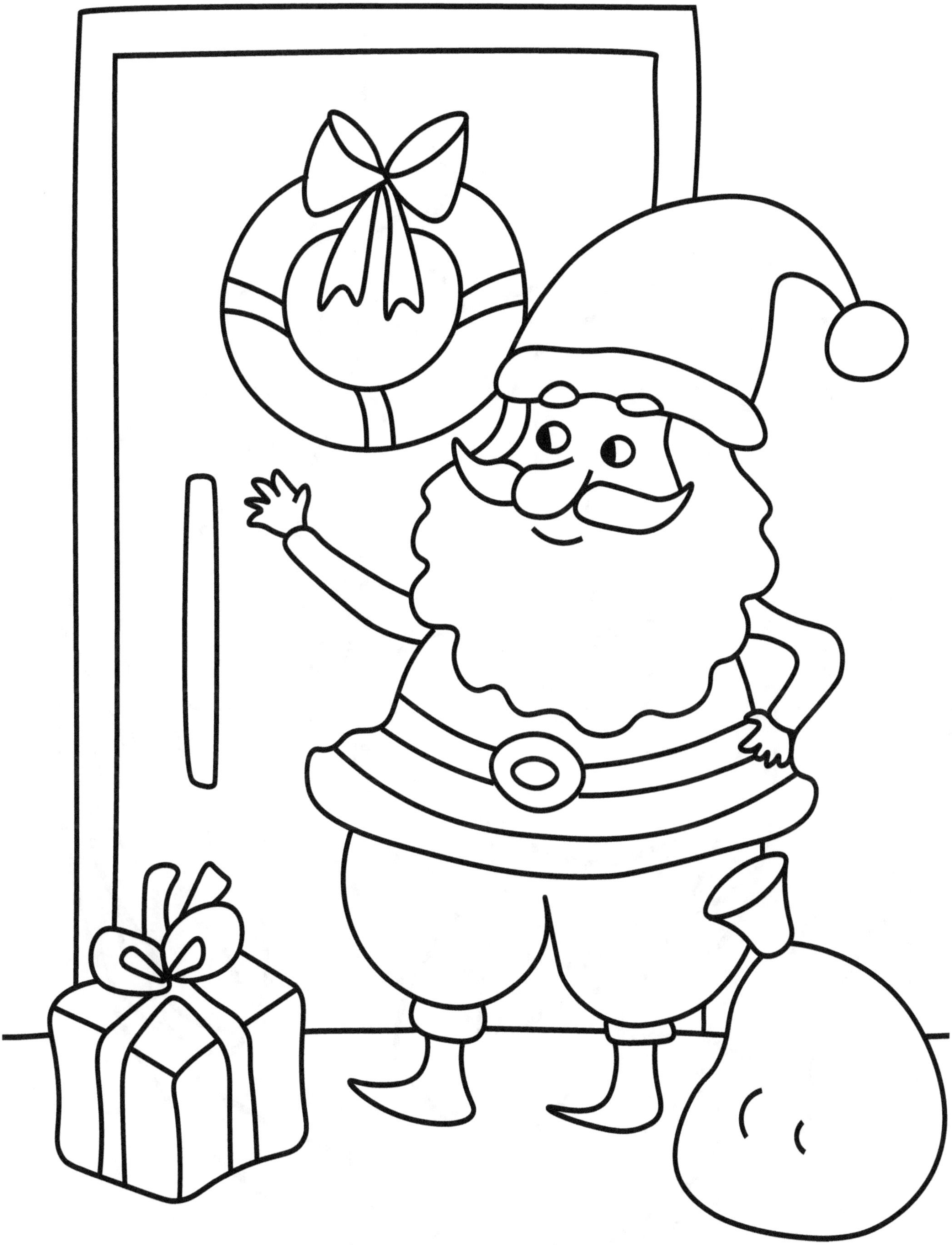

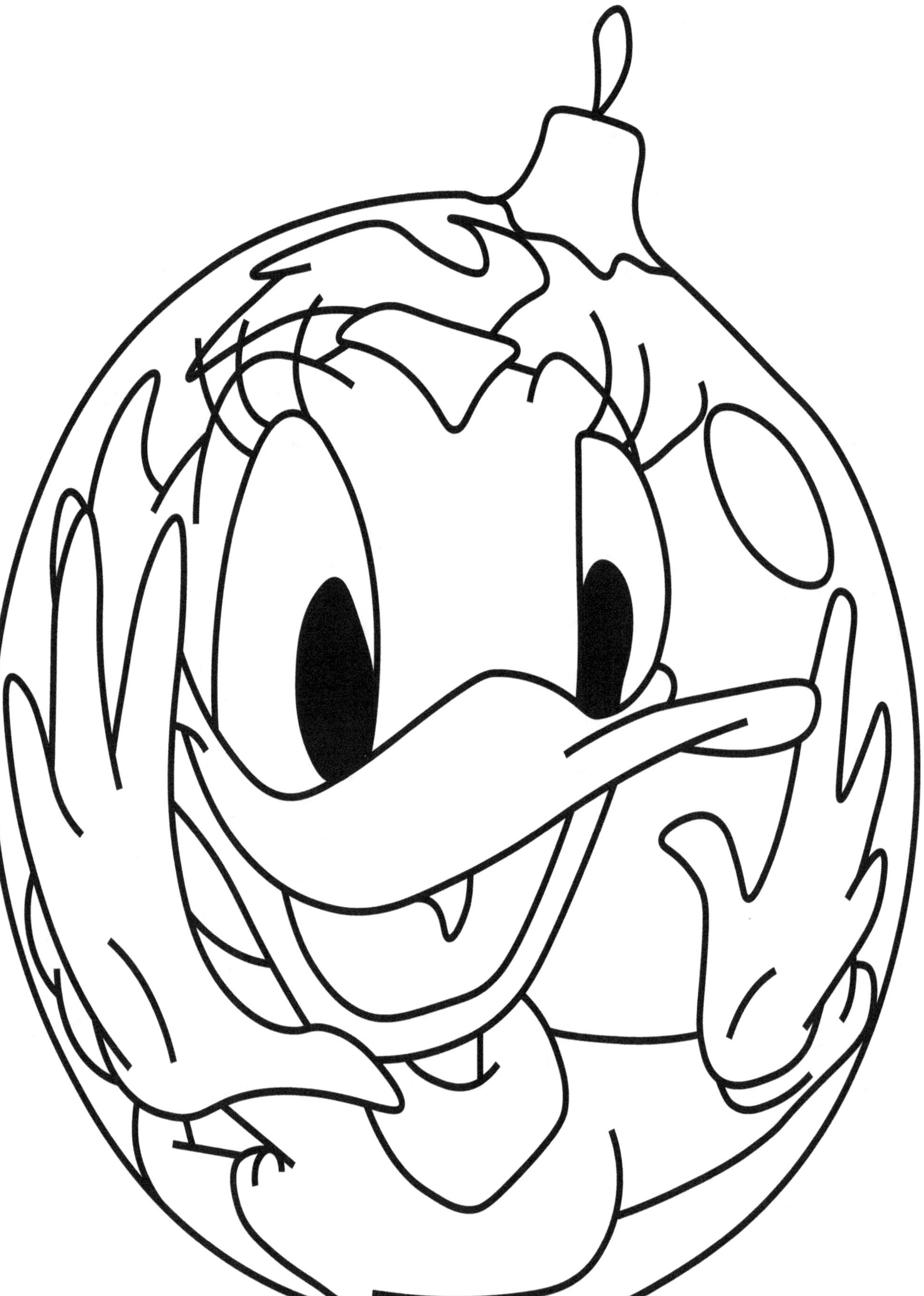

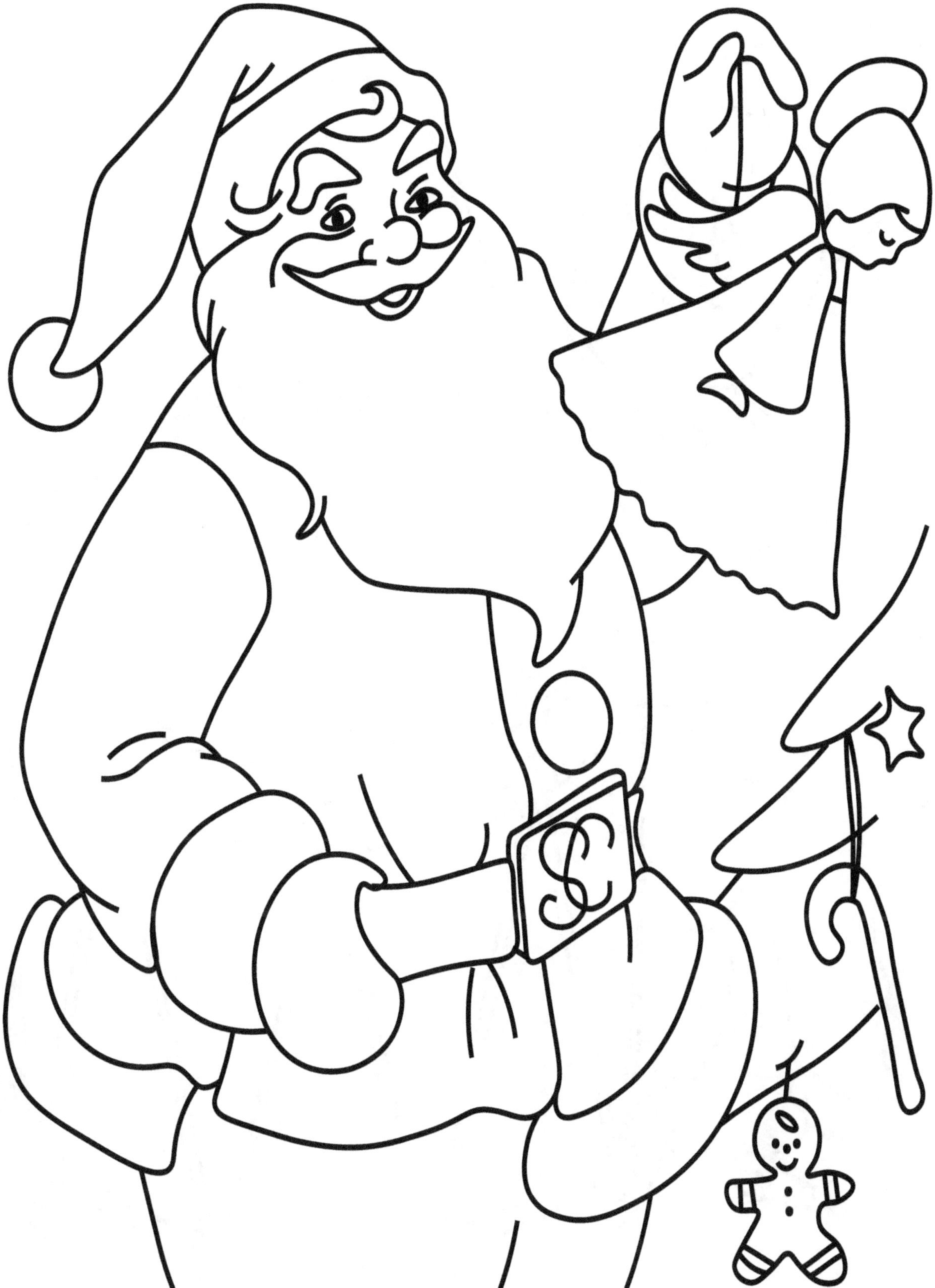
SC

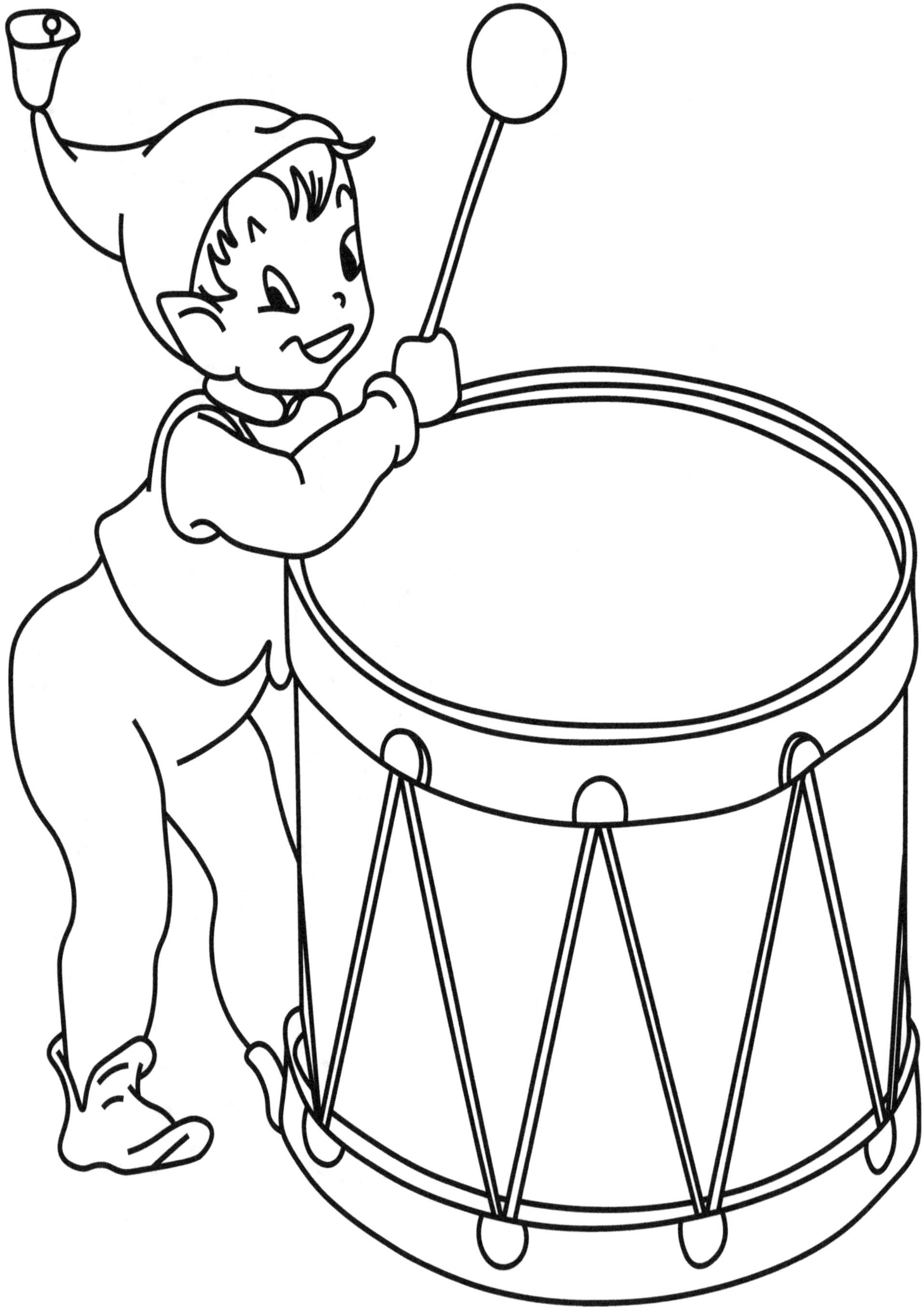

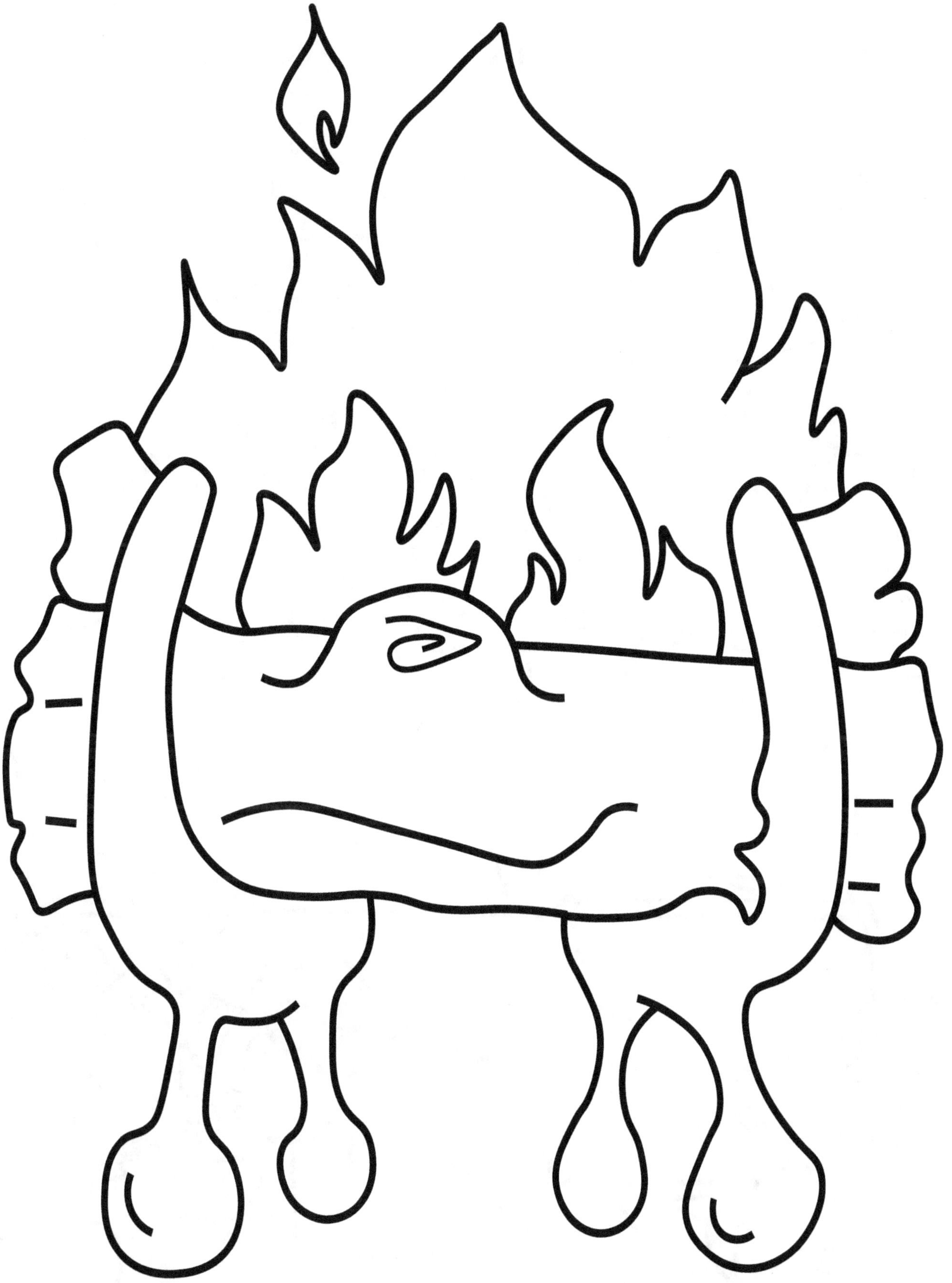

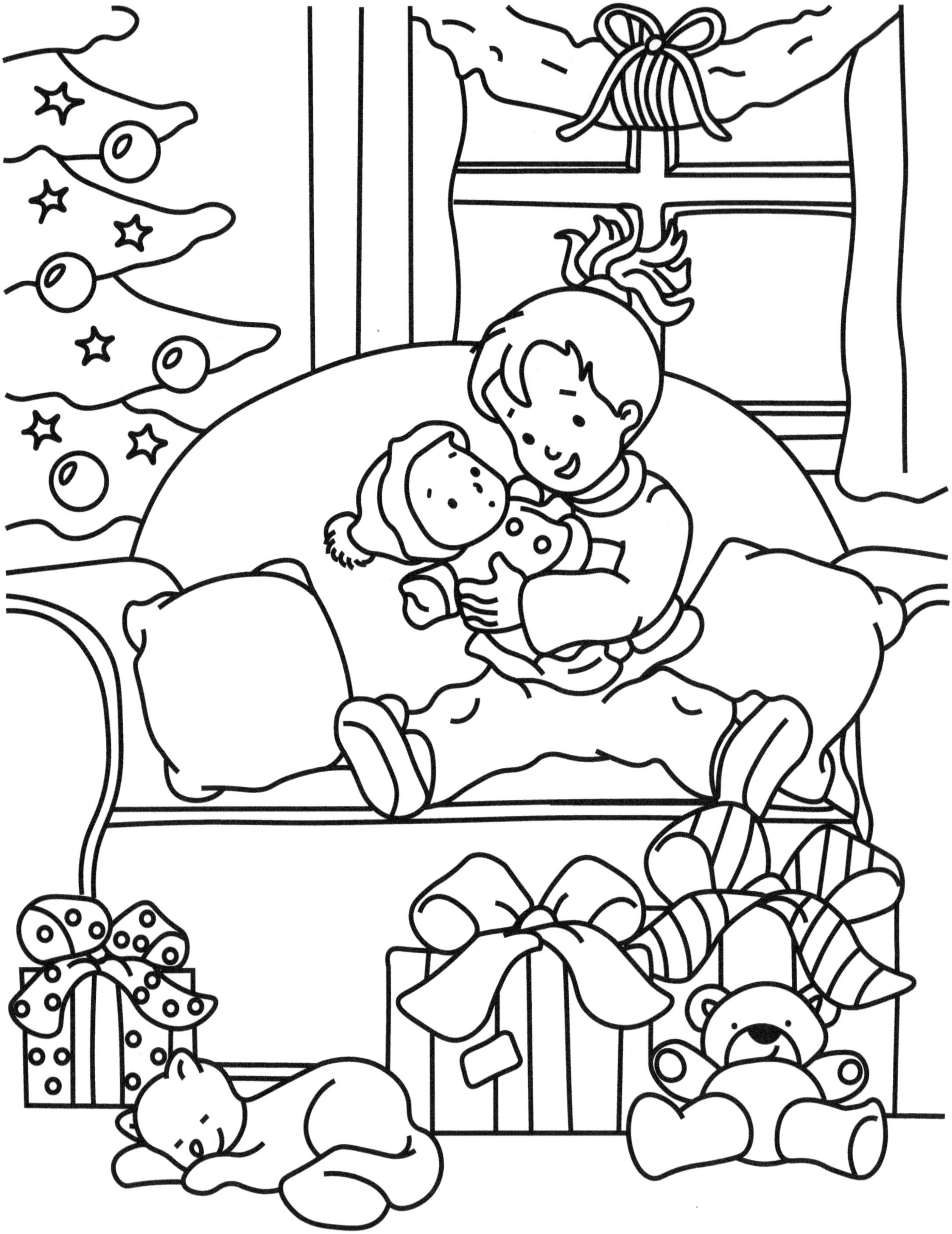

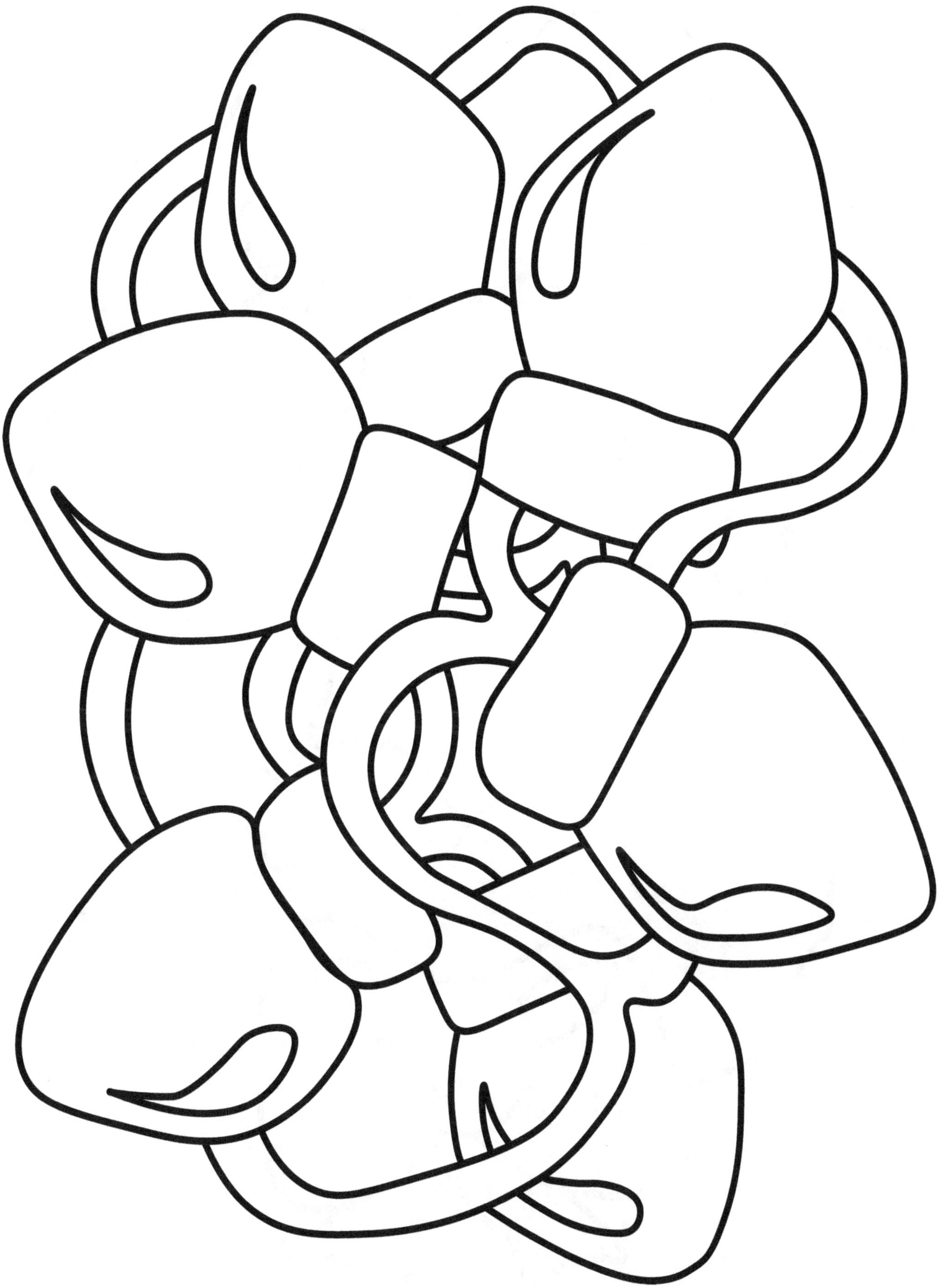

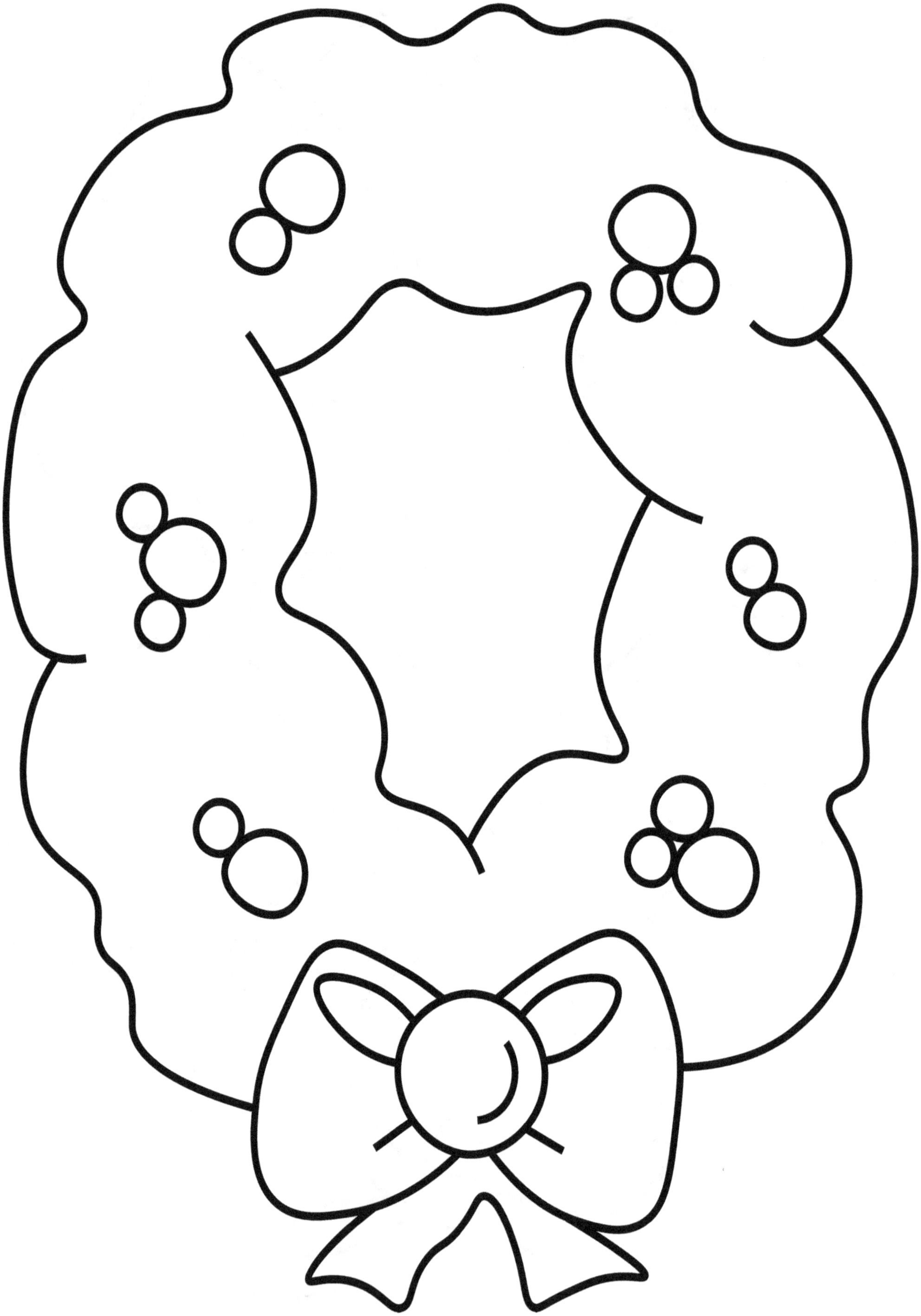

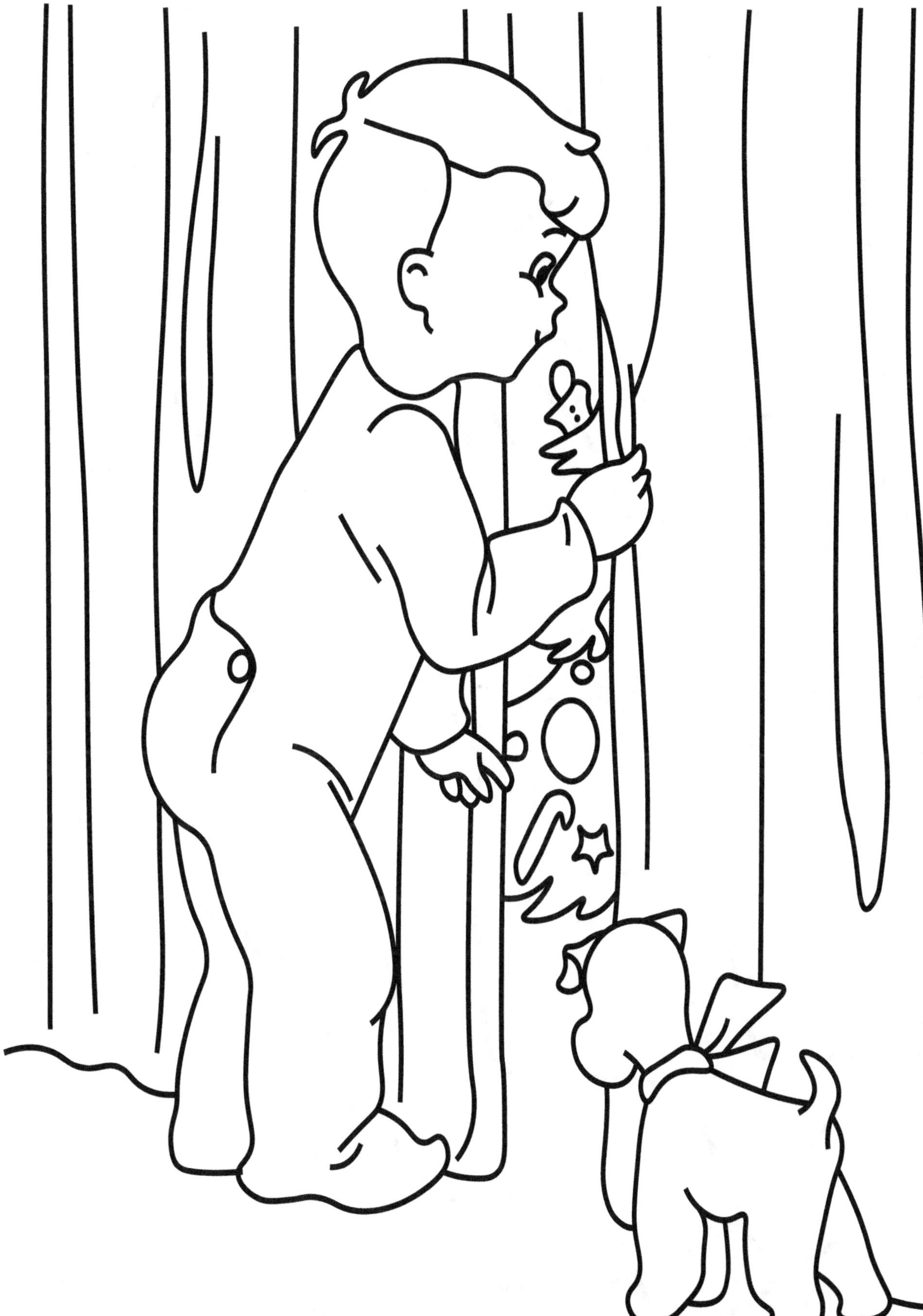

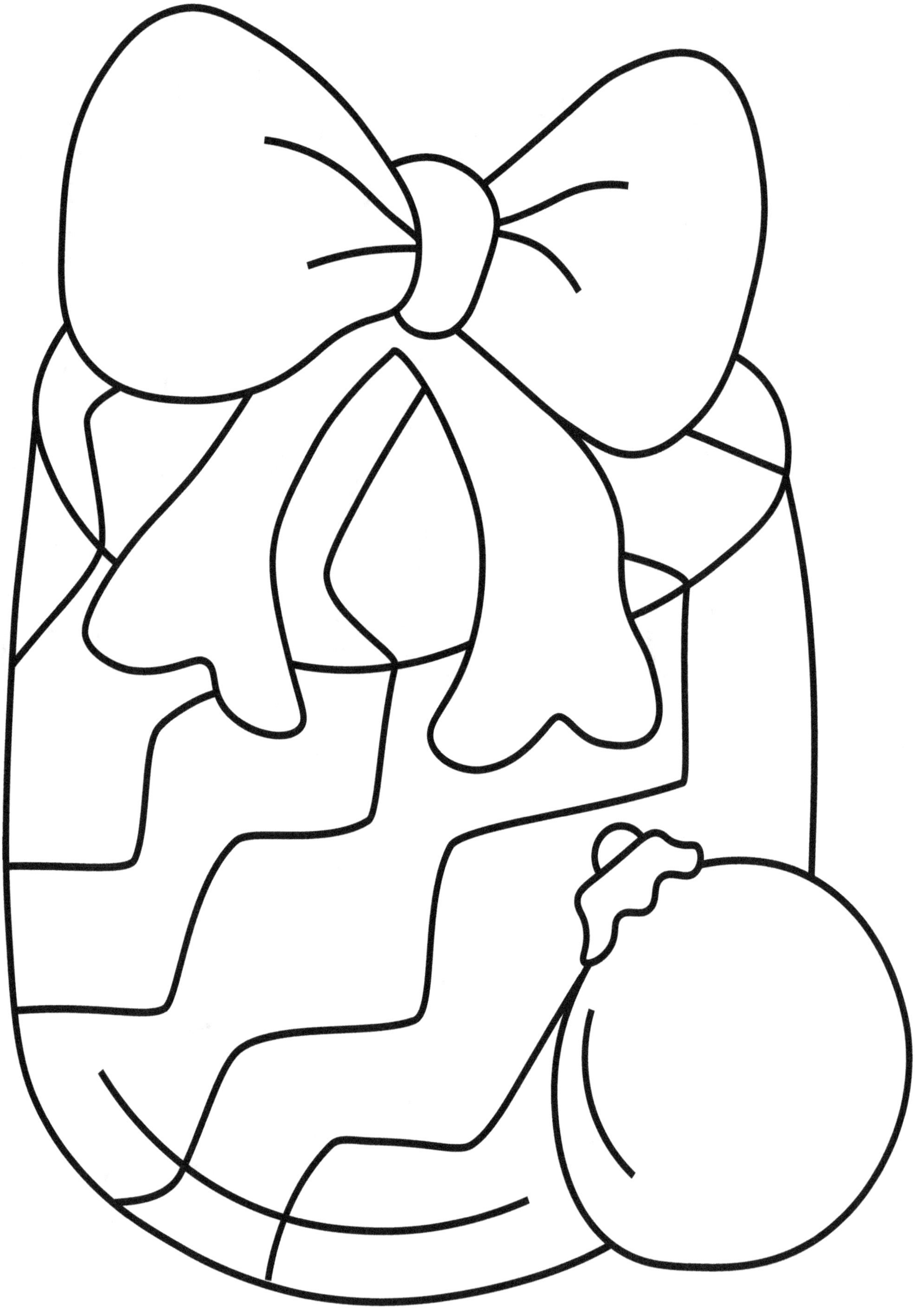

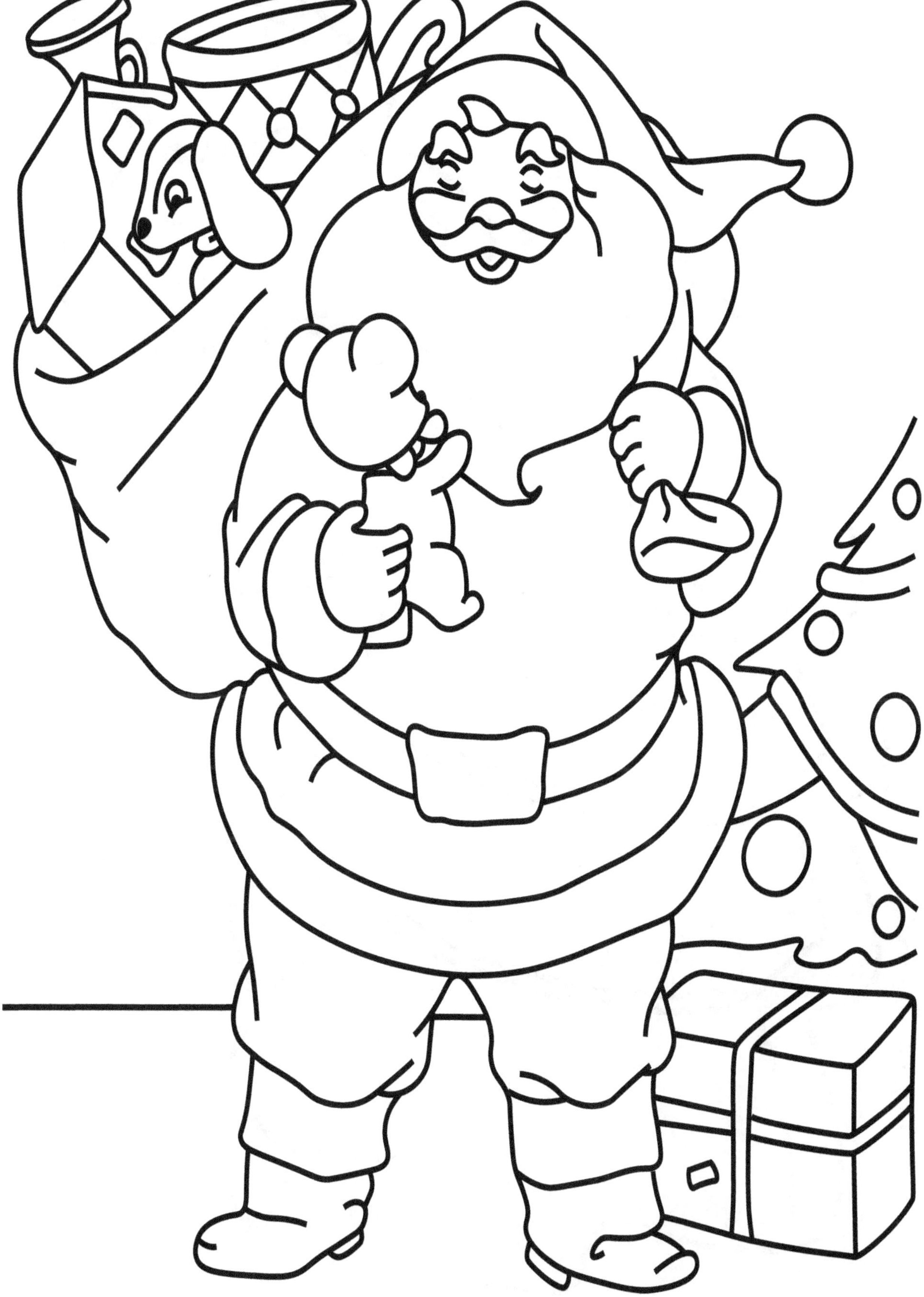

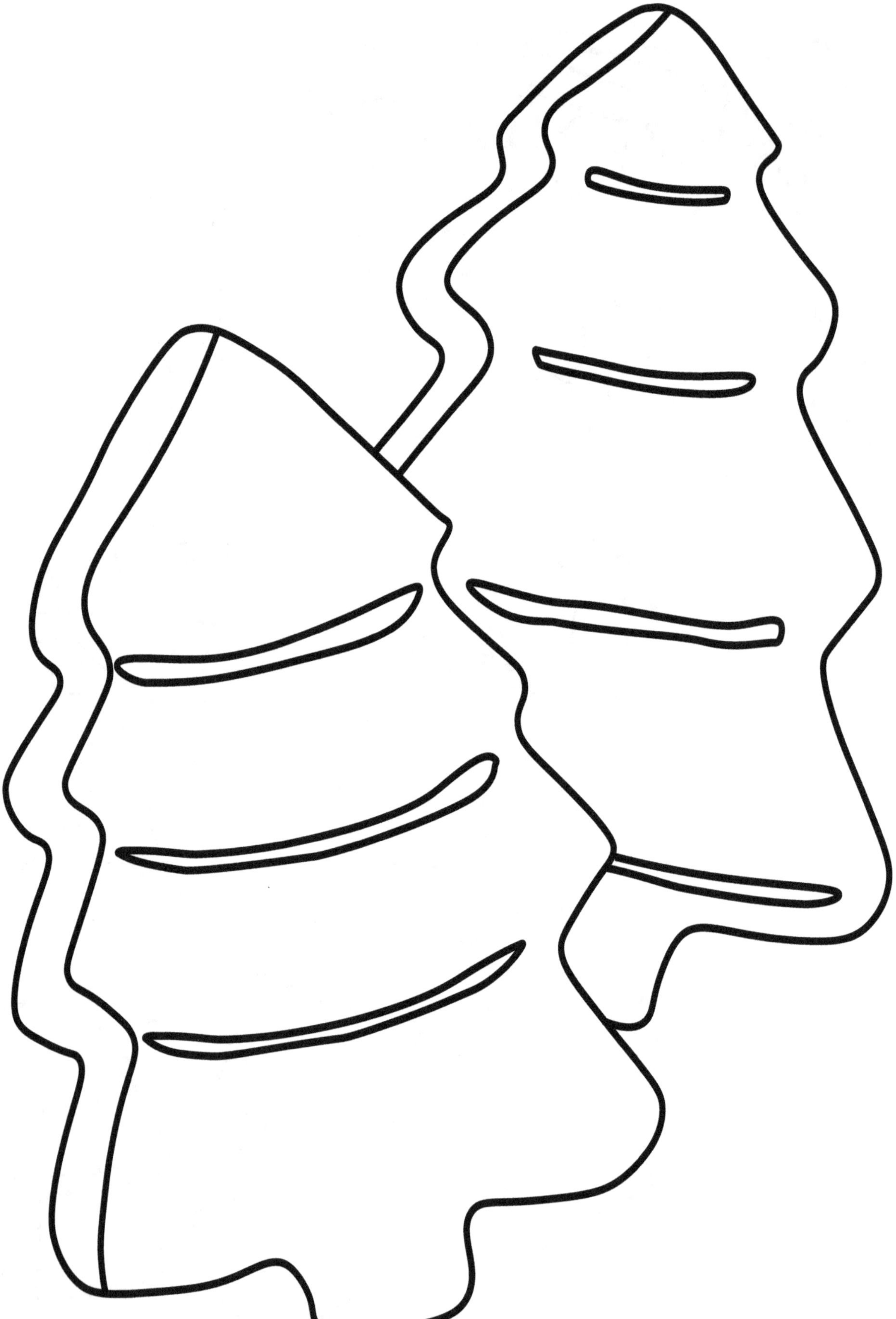

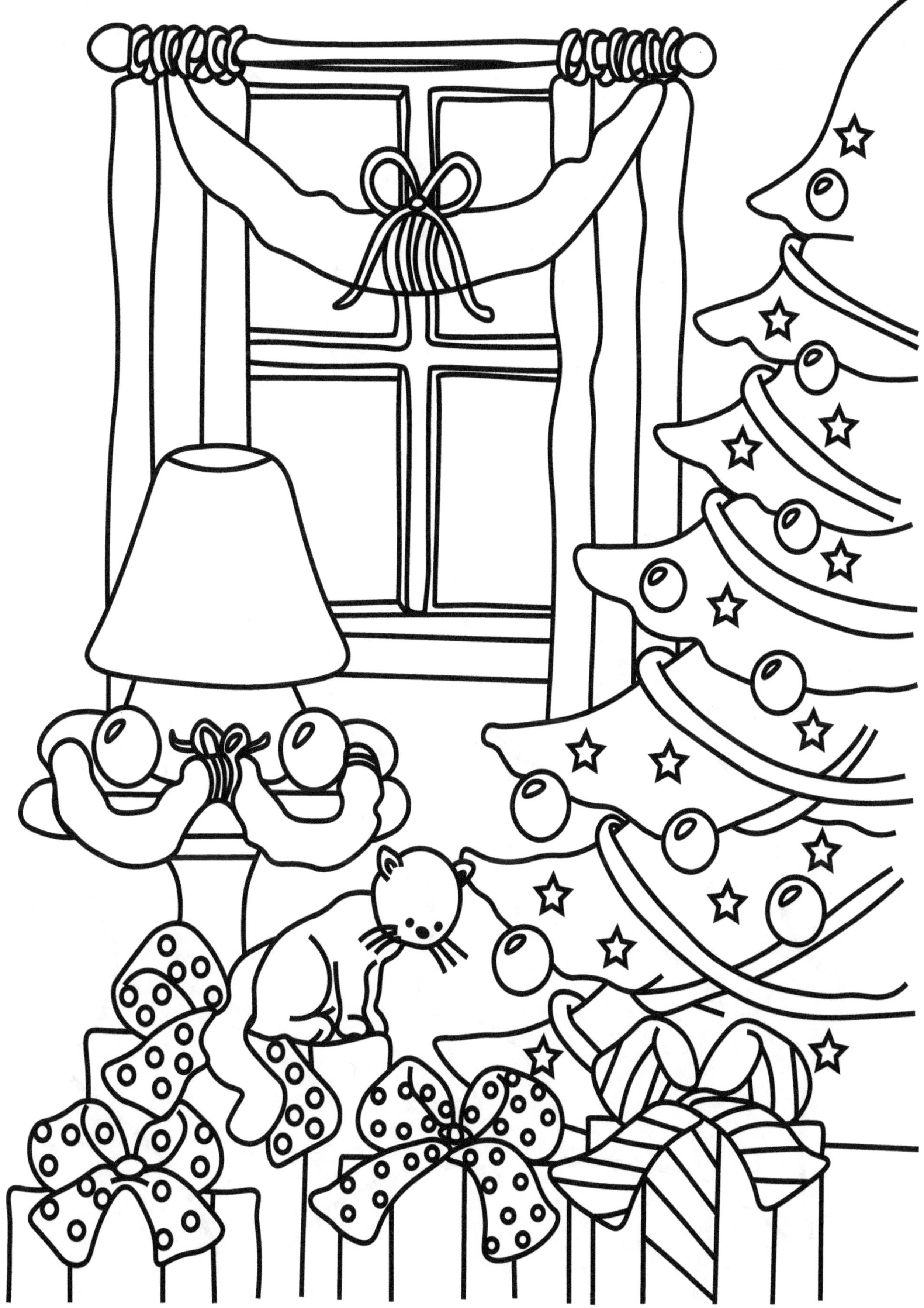

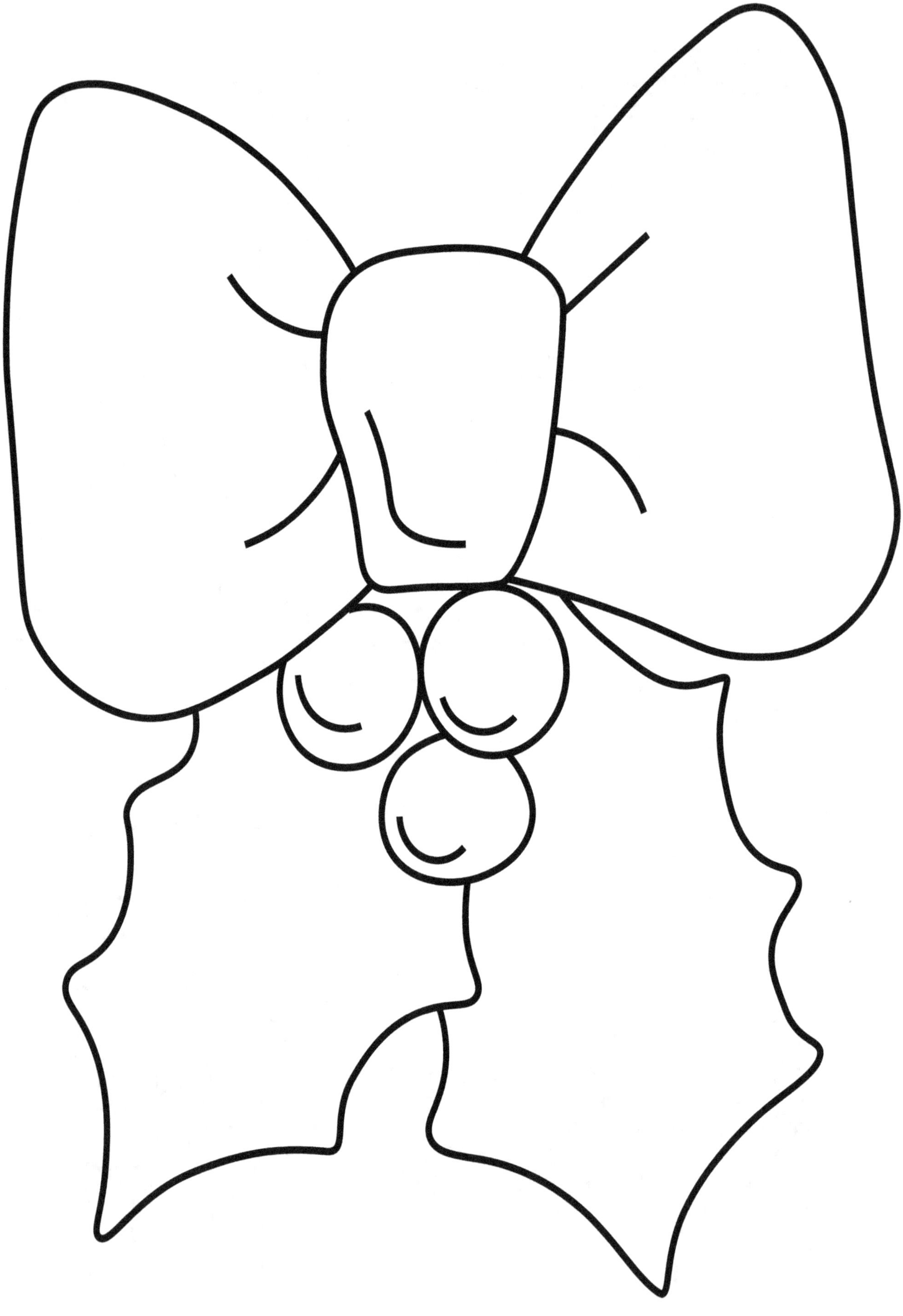

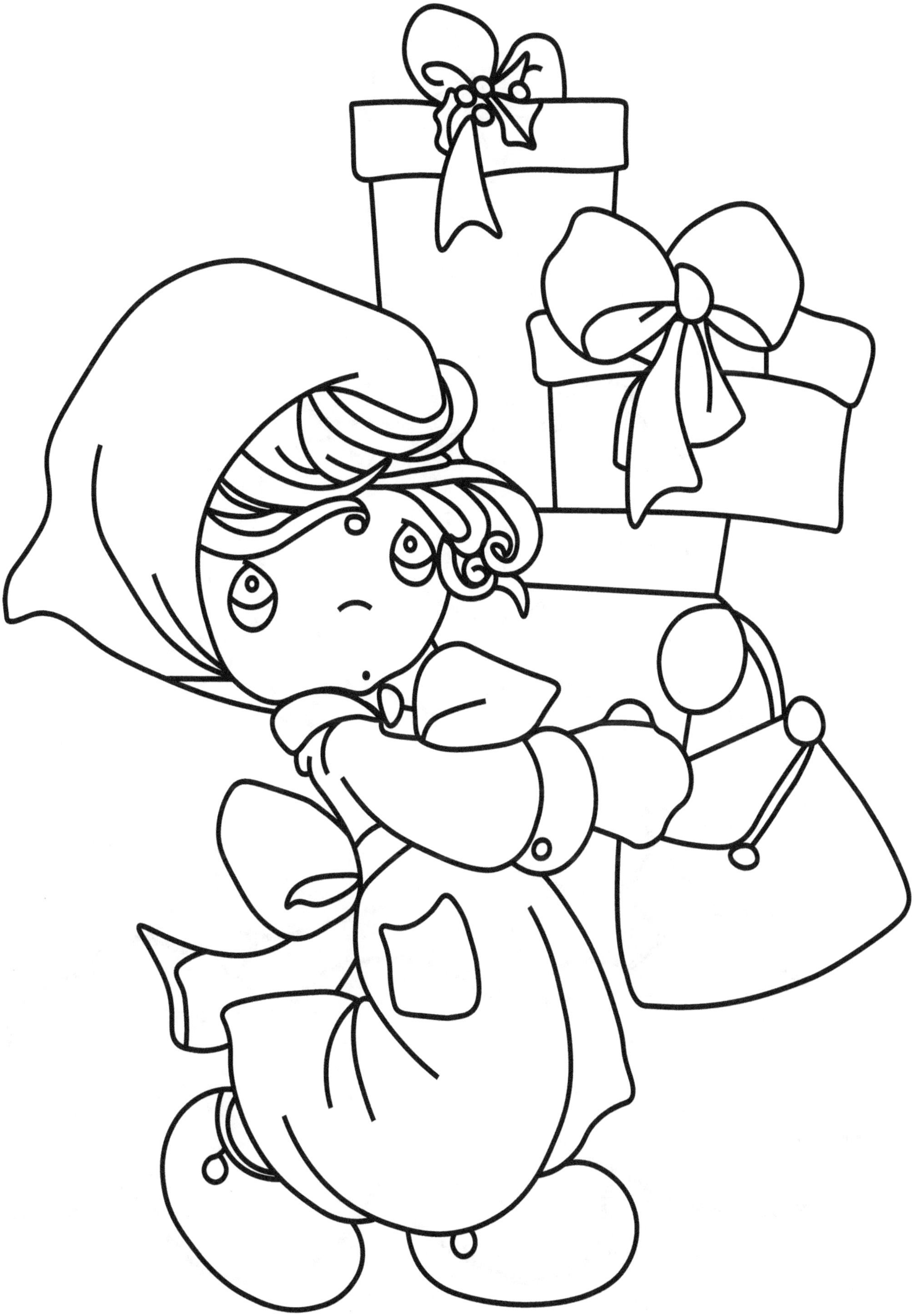

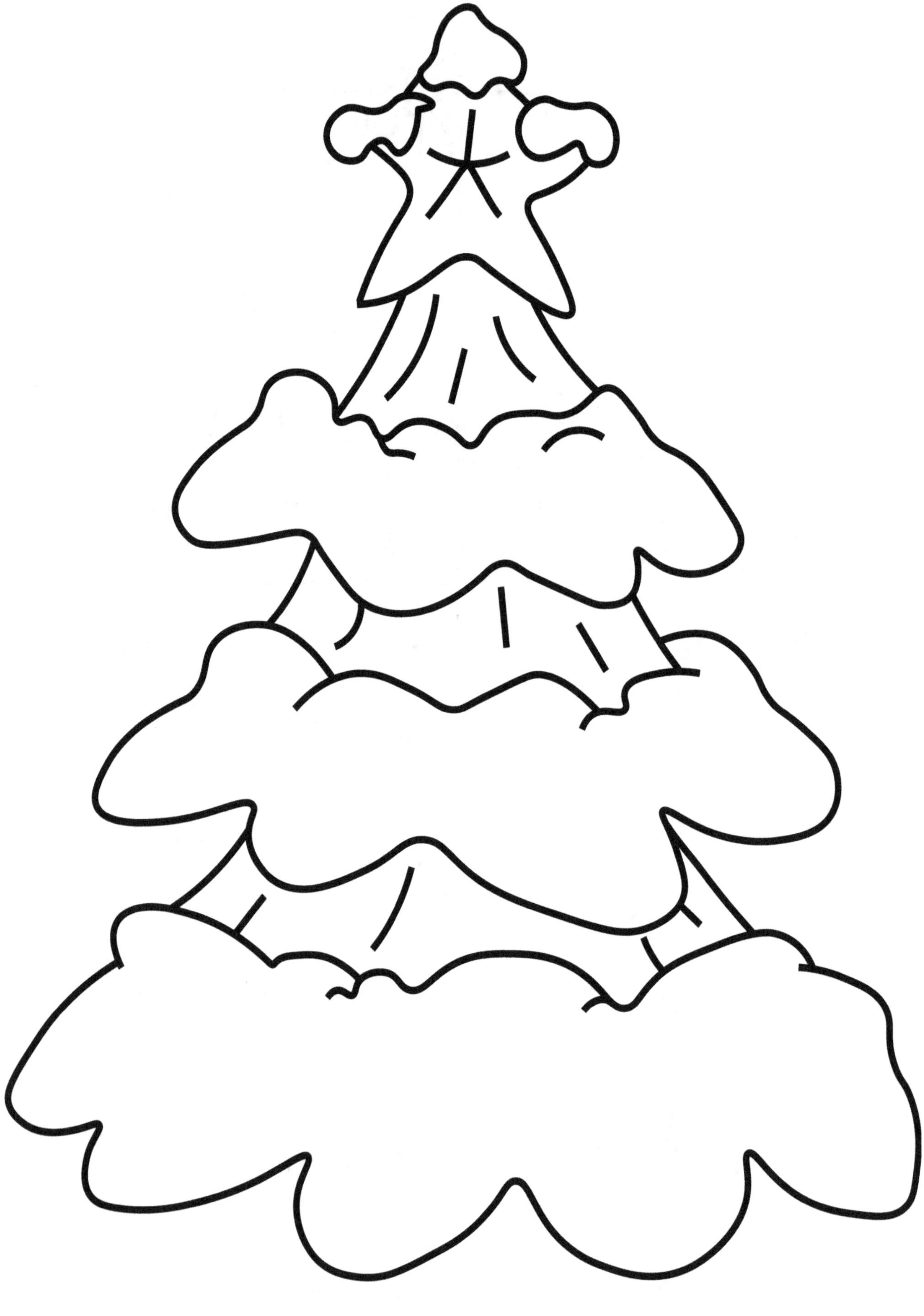

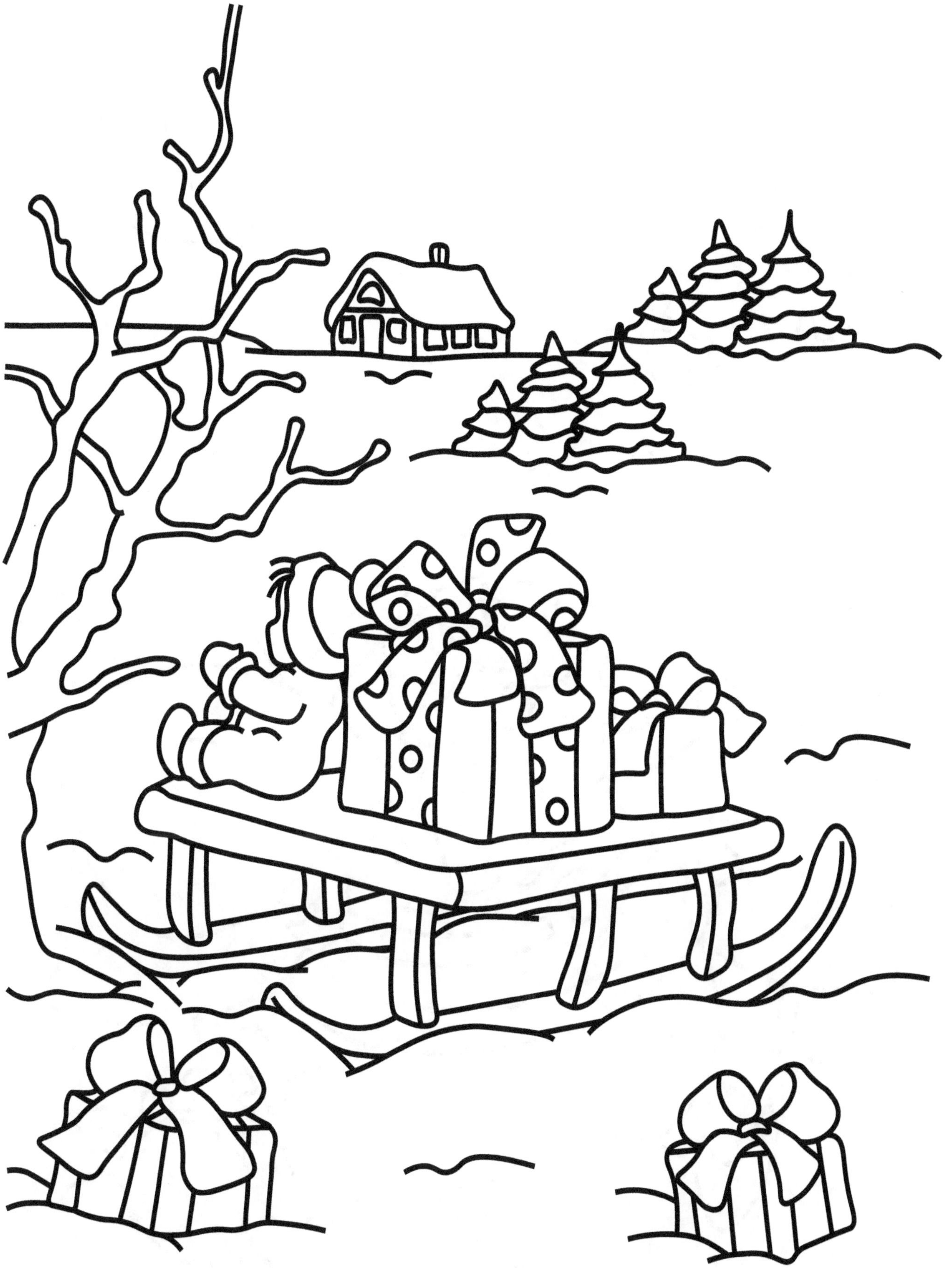

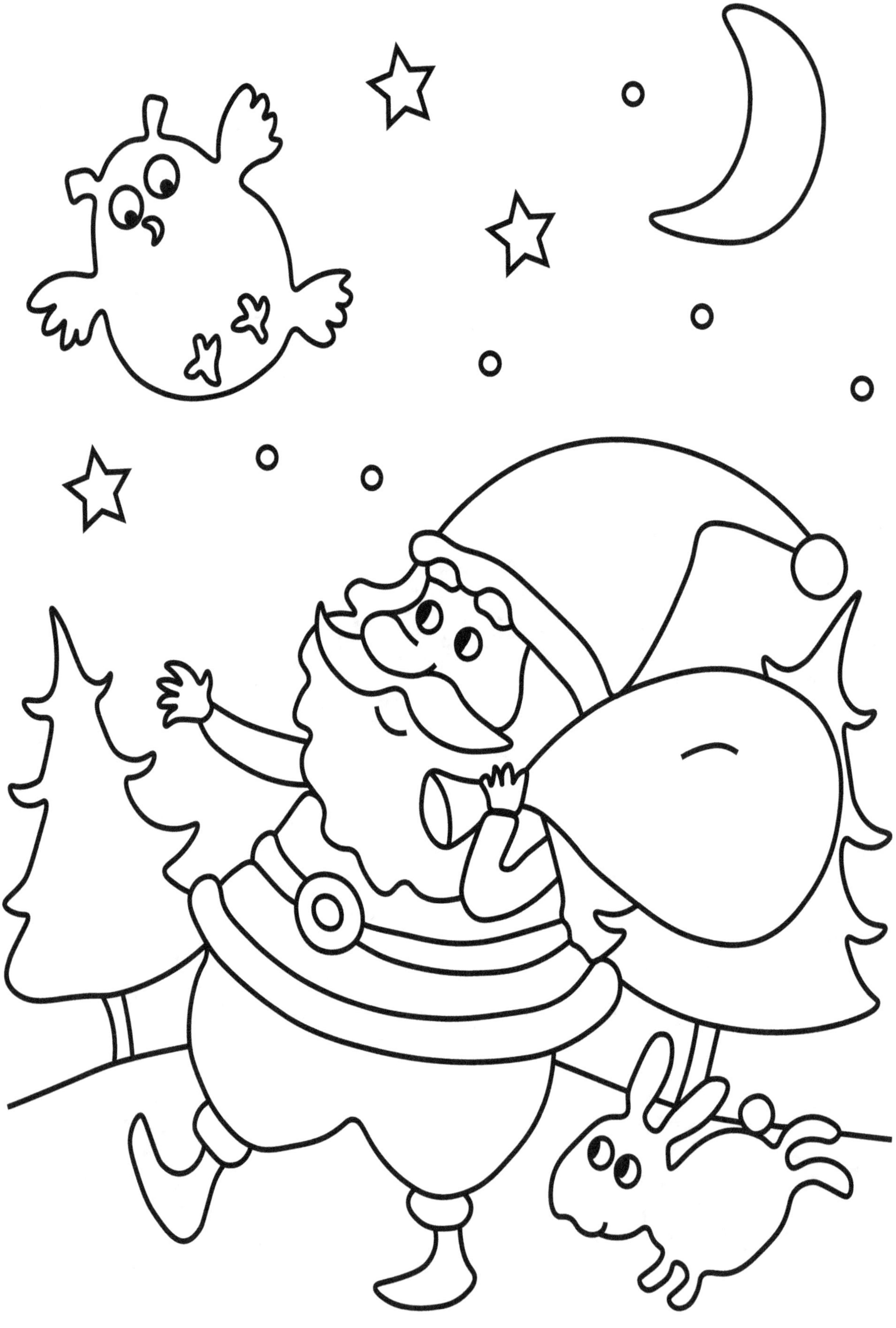

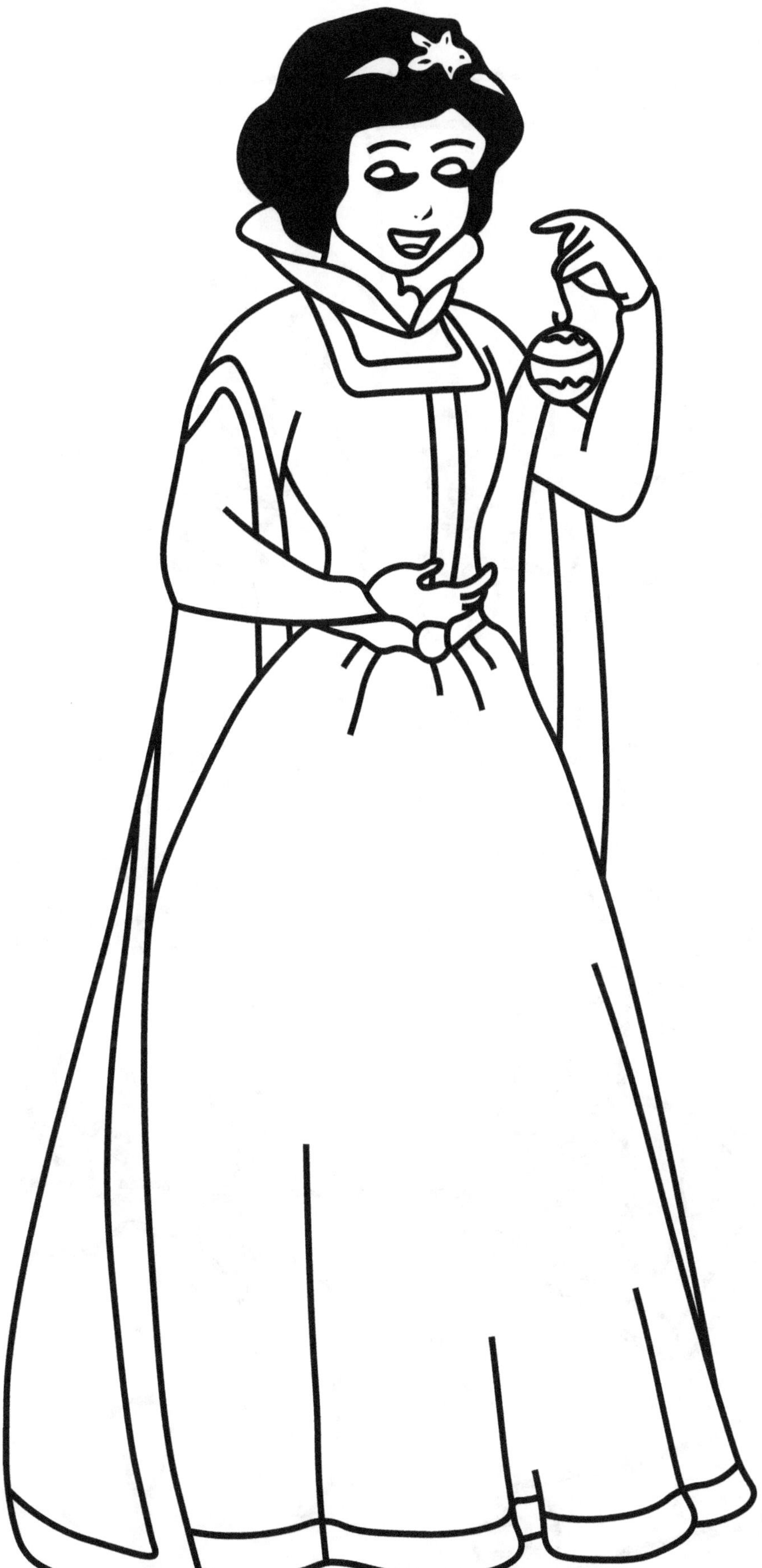

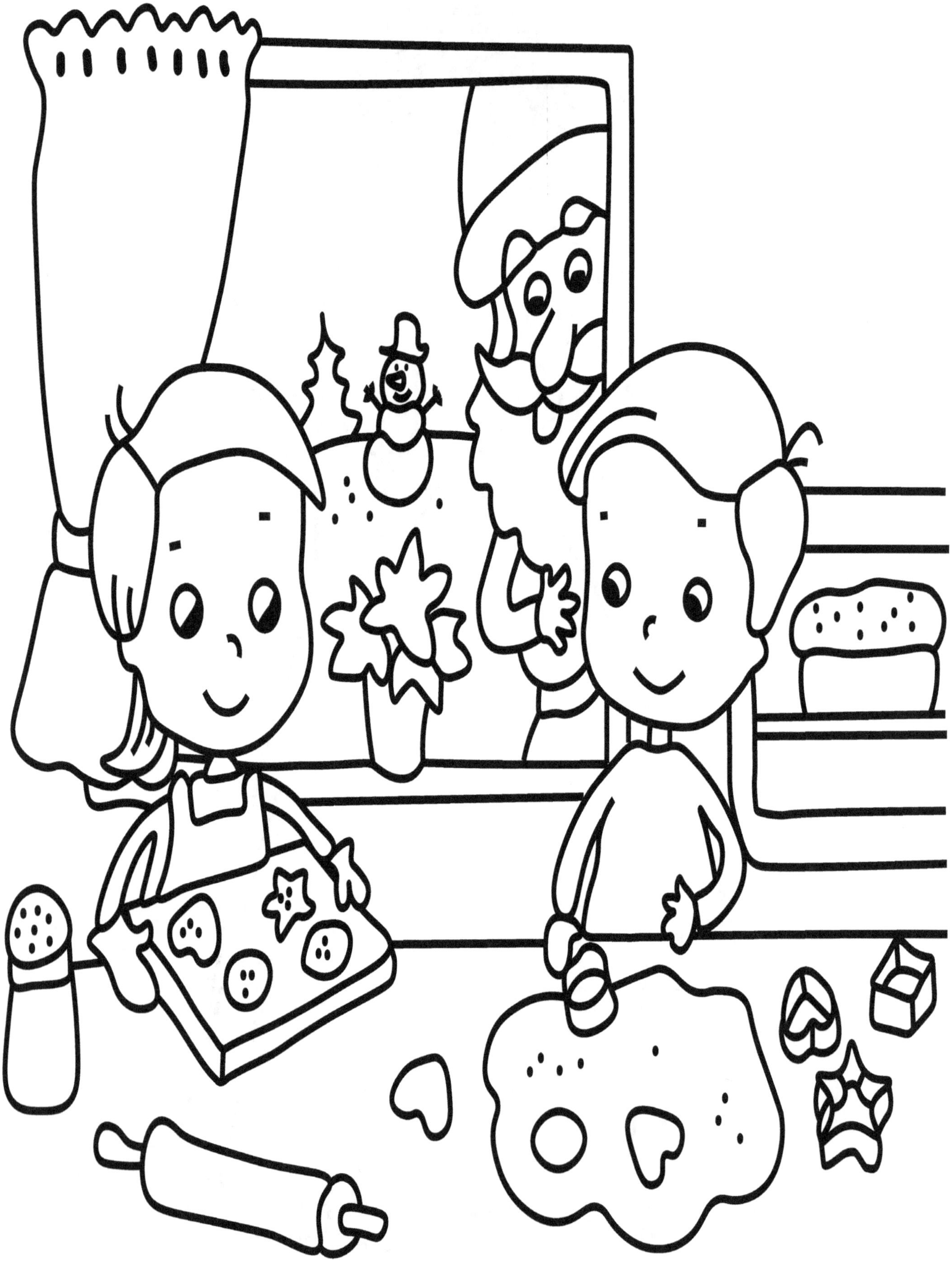

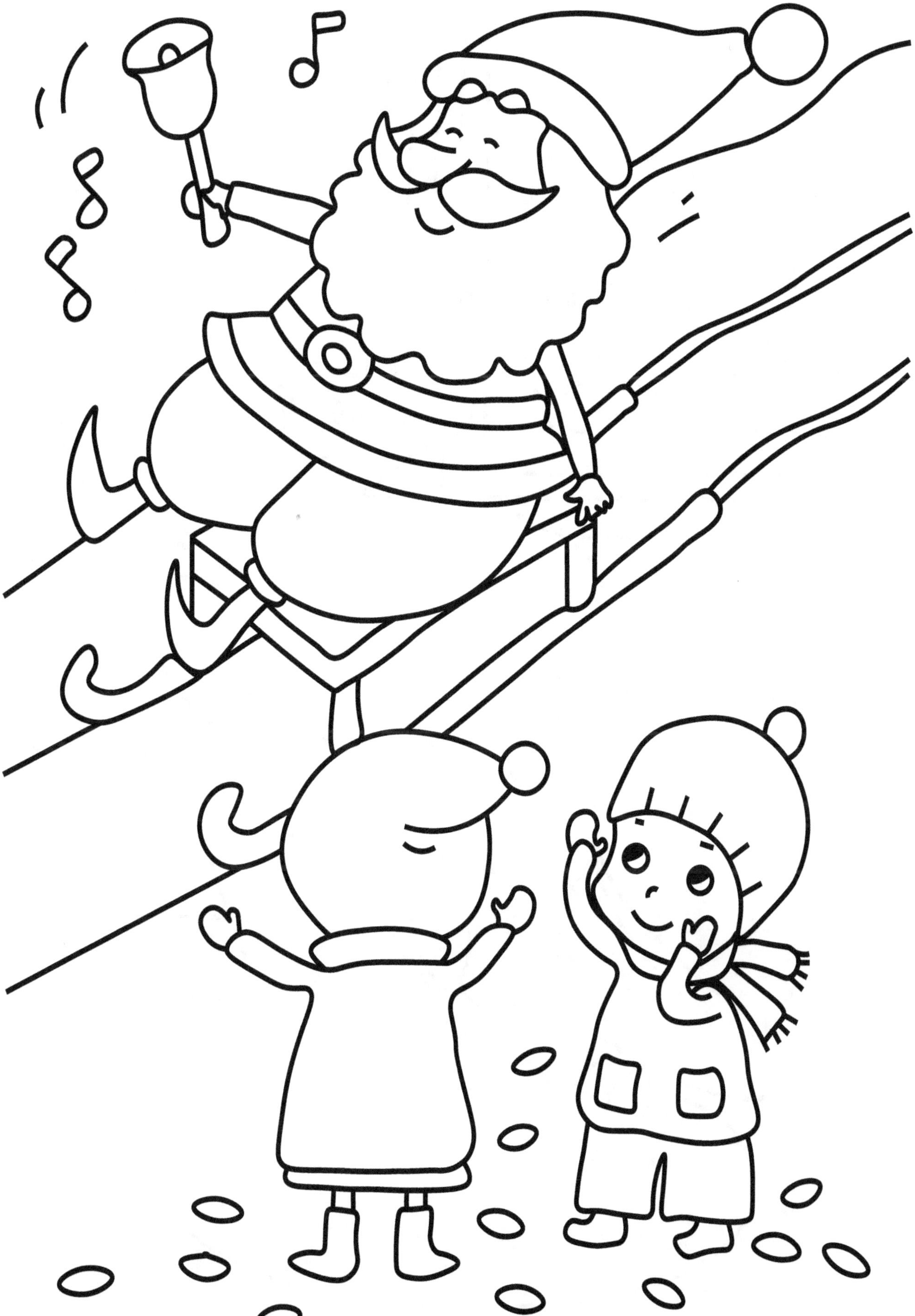

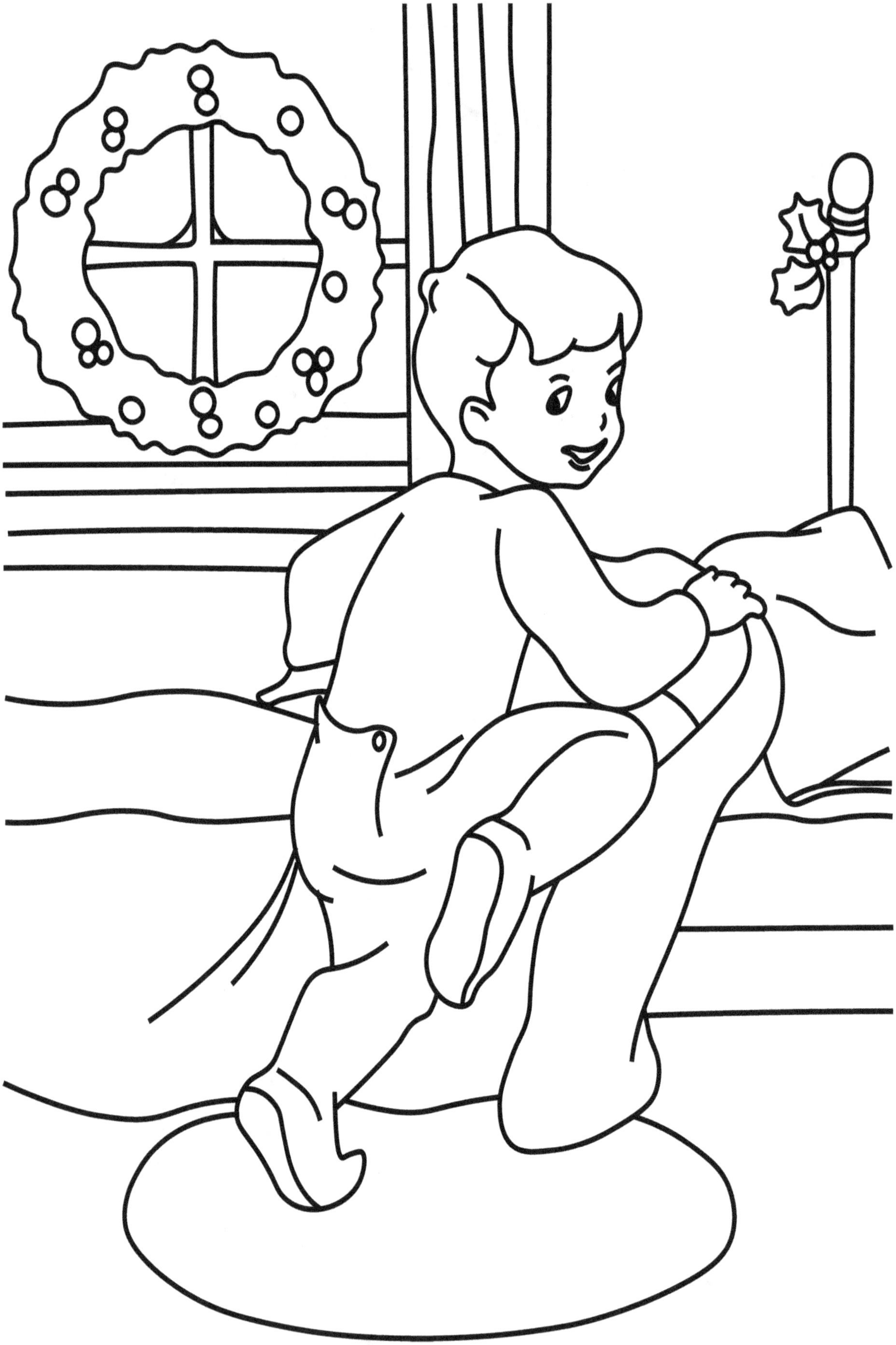

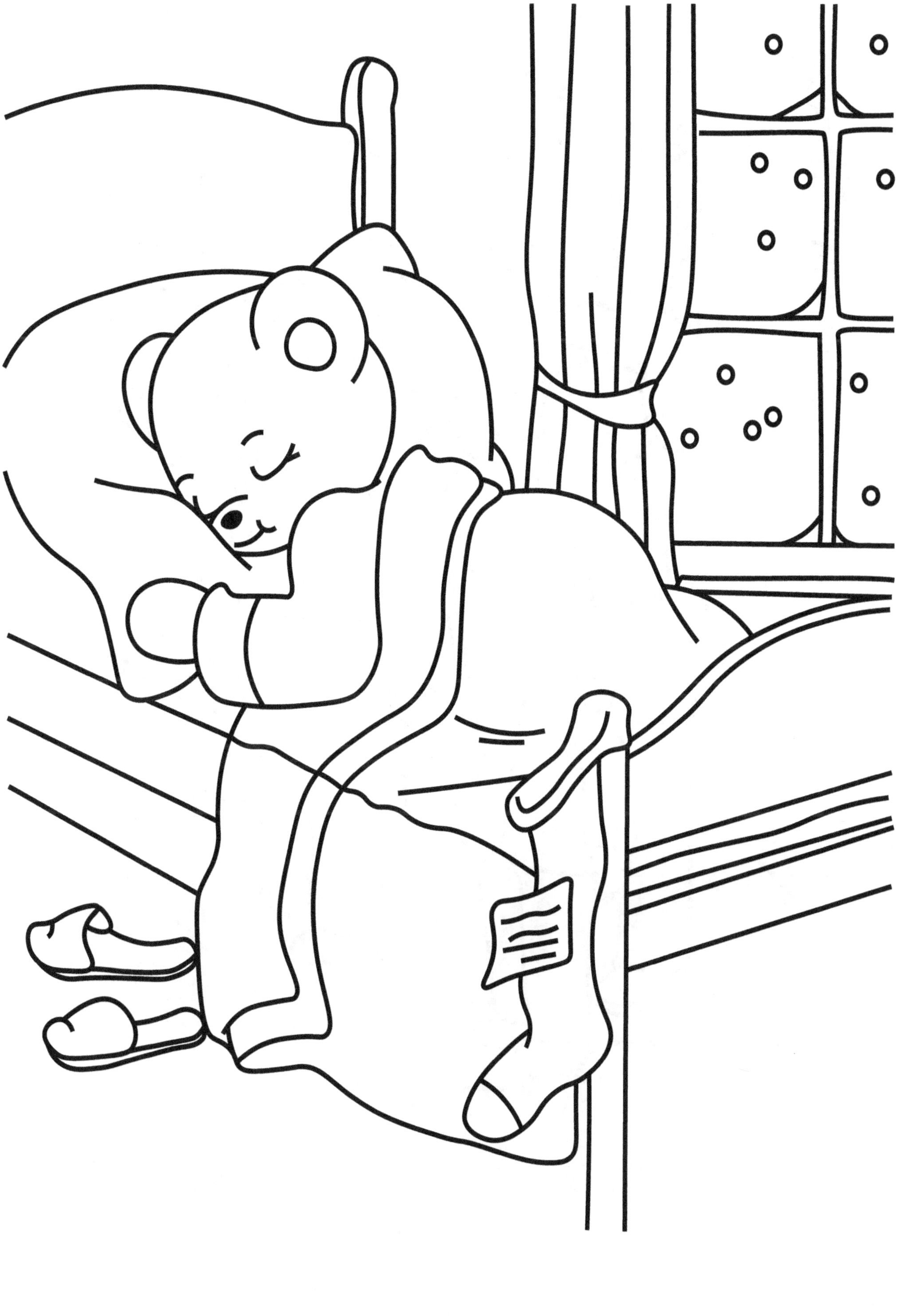

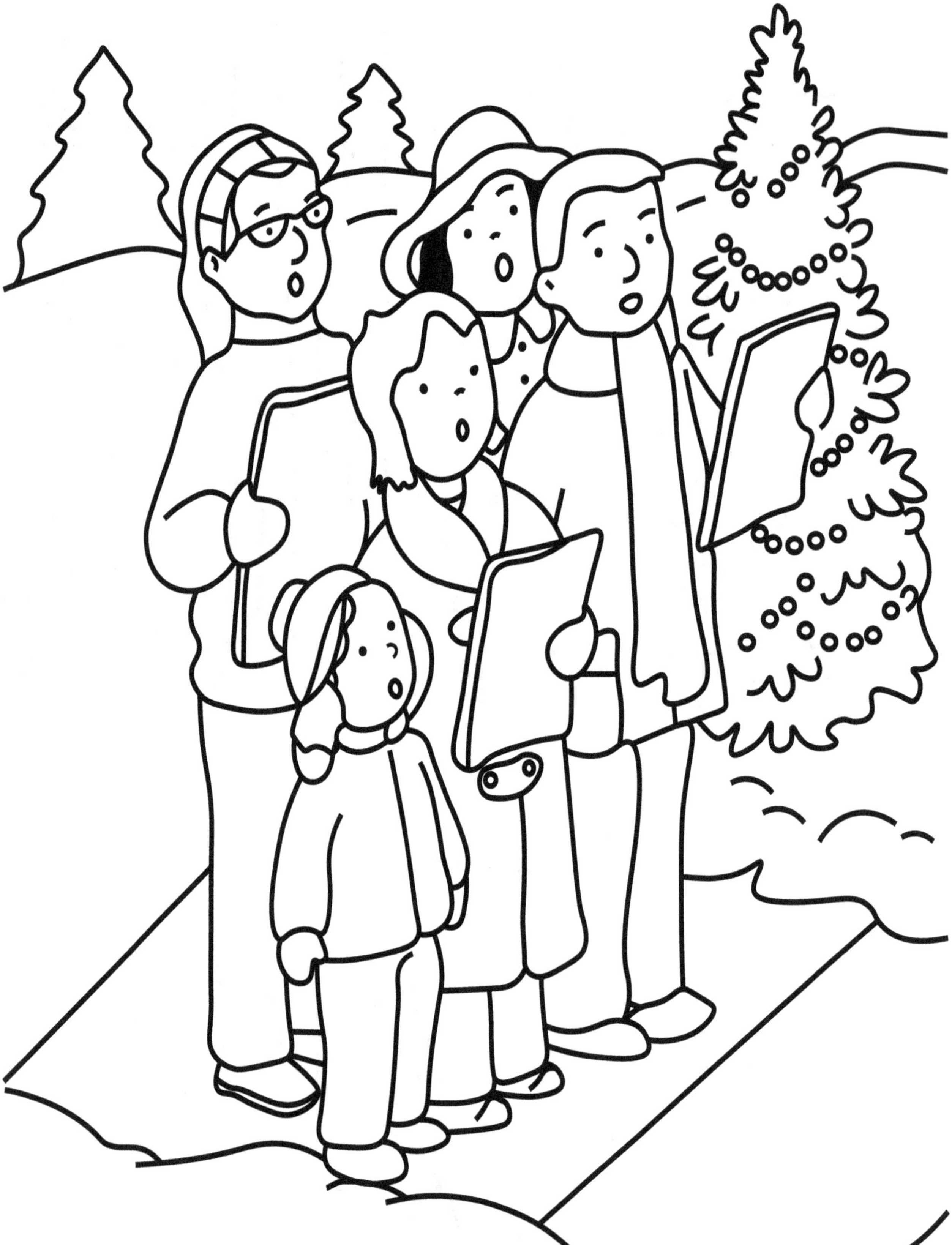

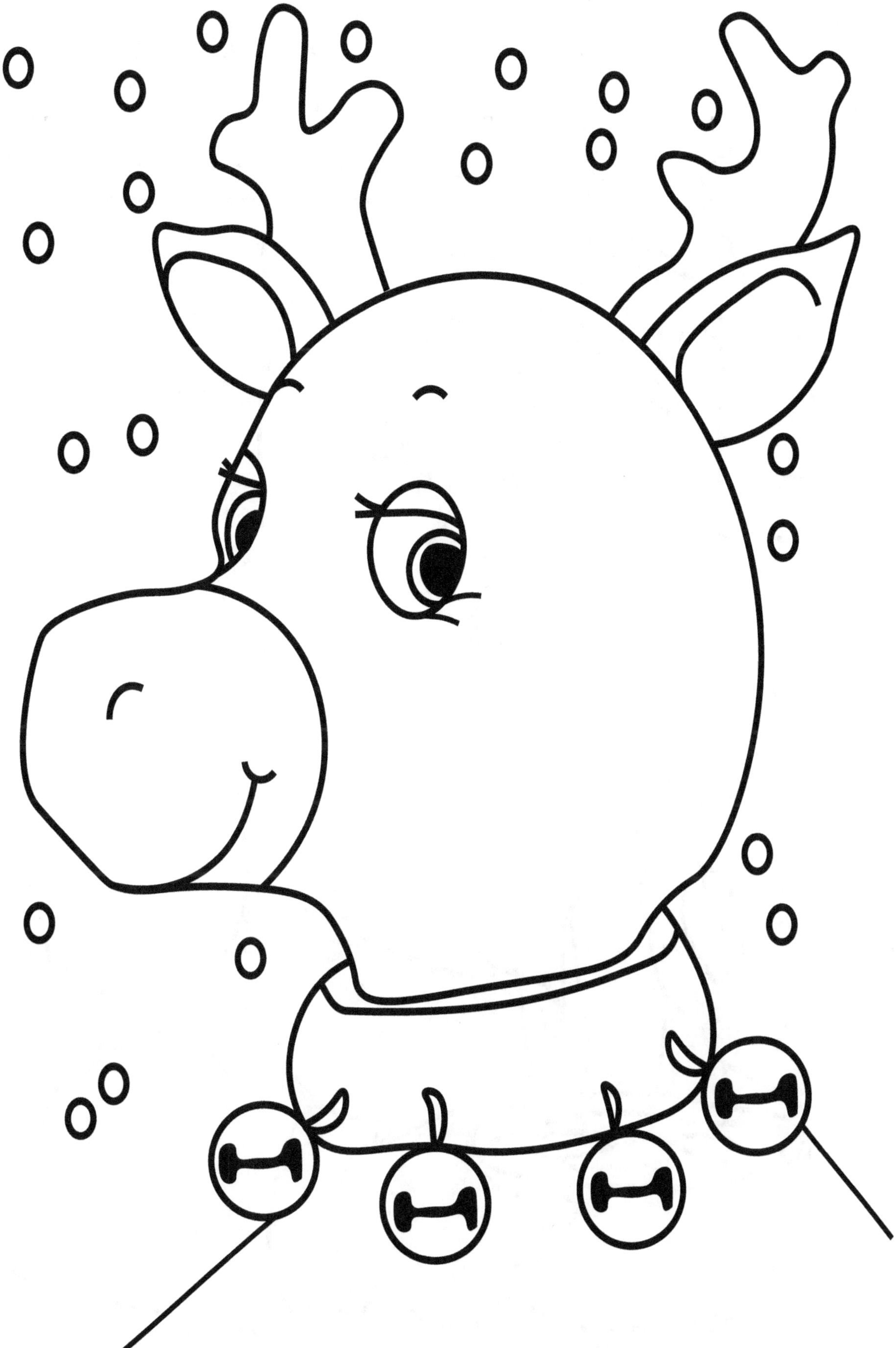

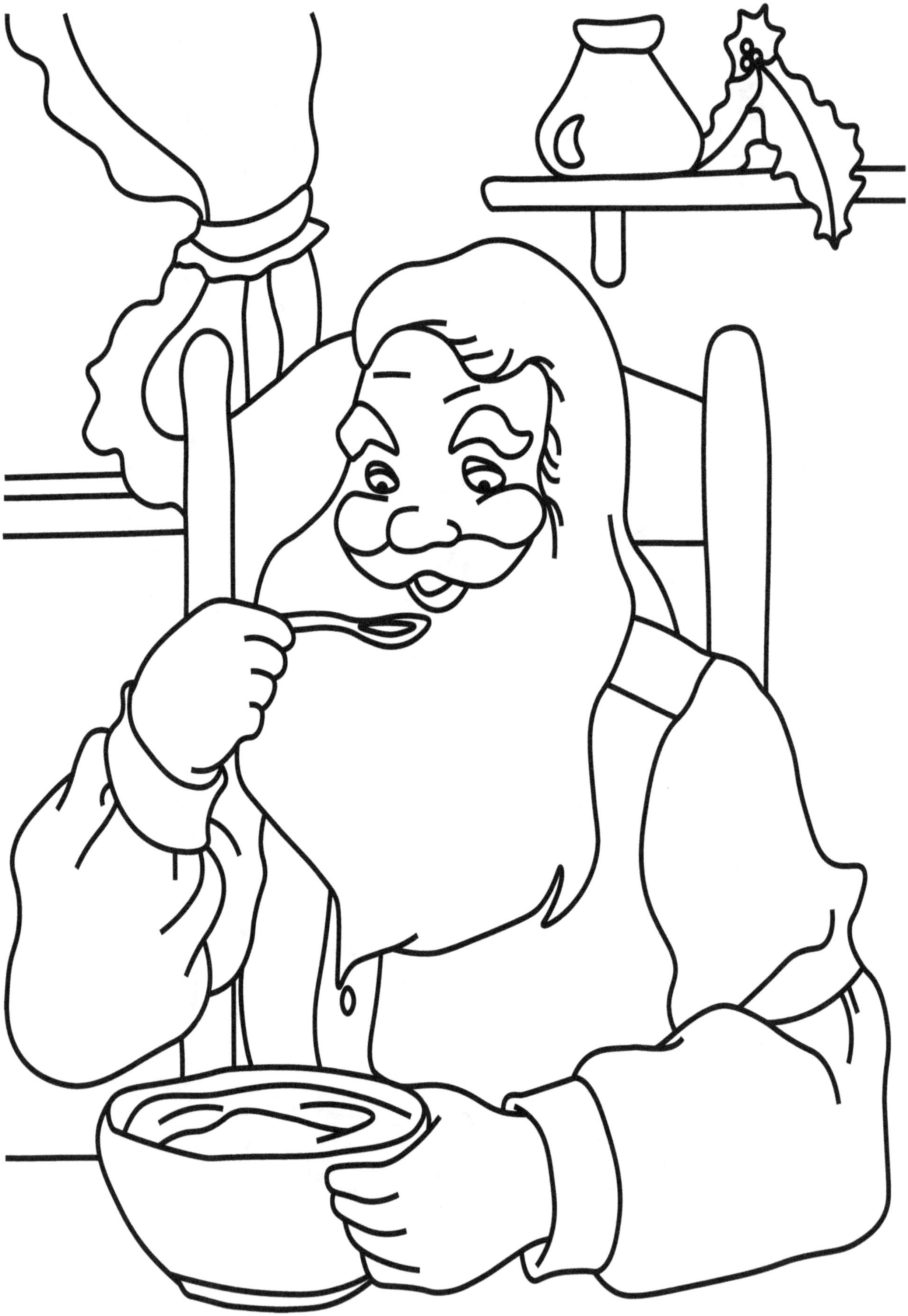

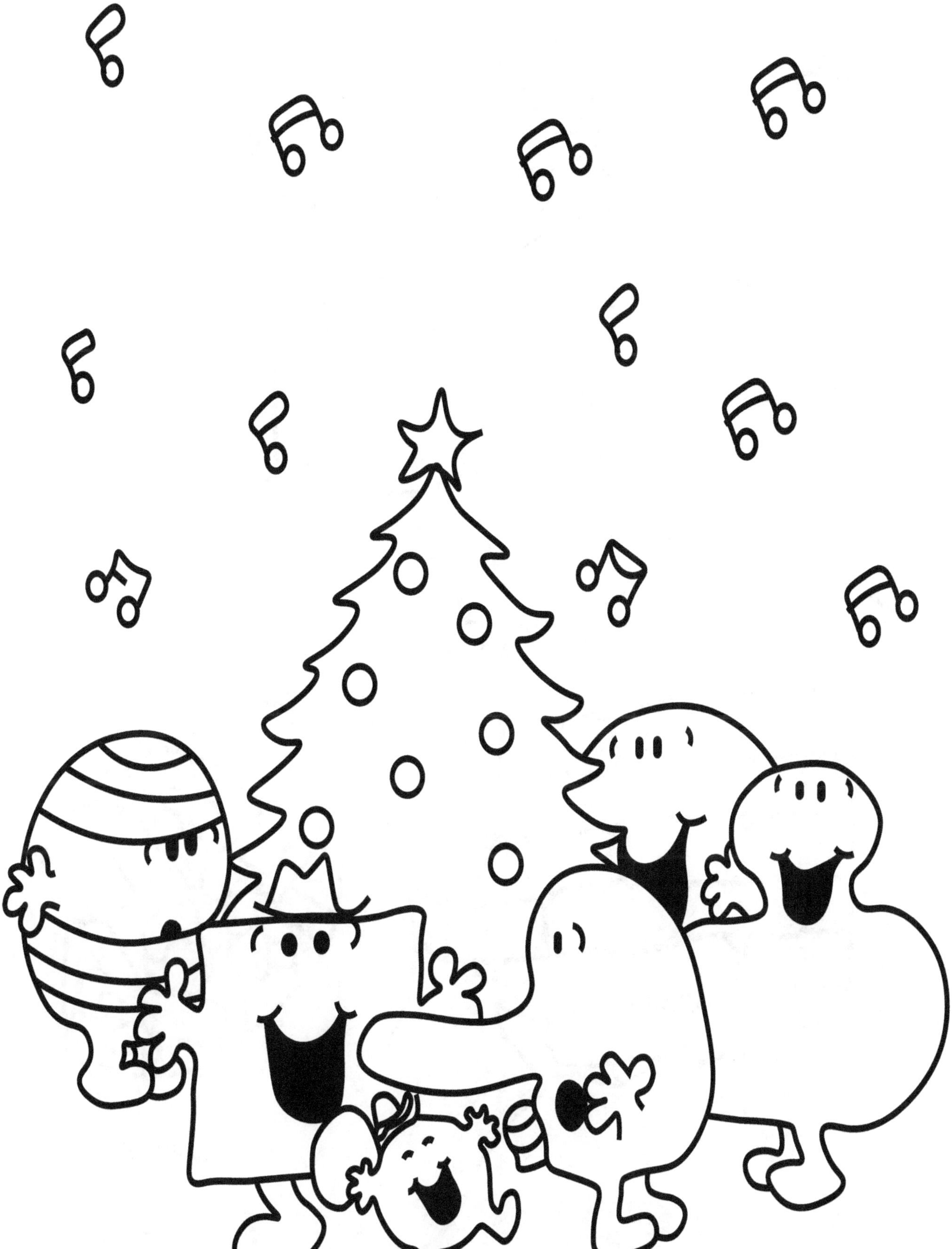

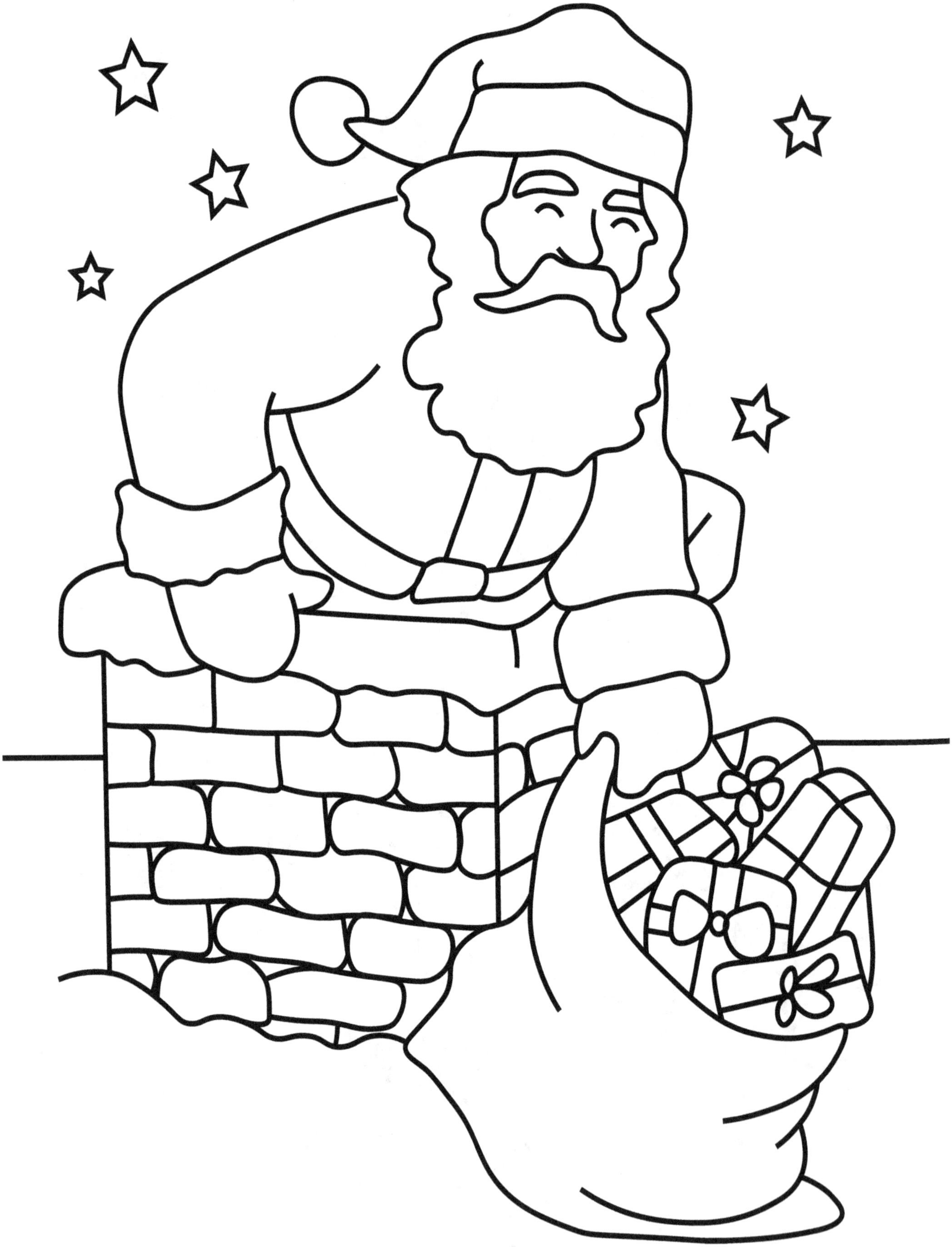

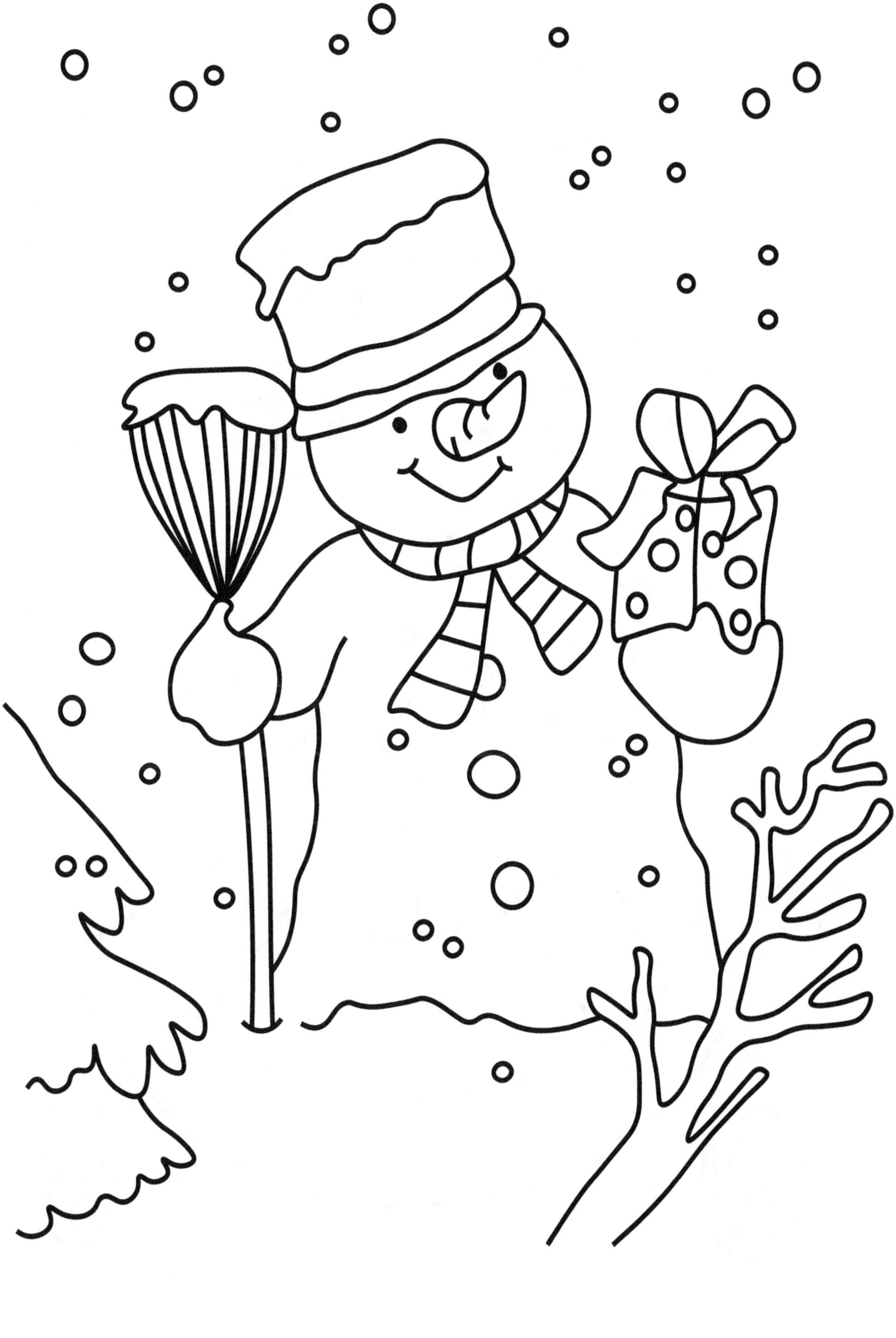

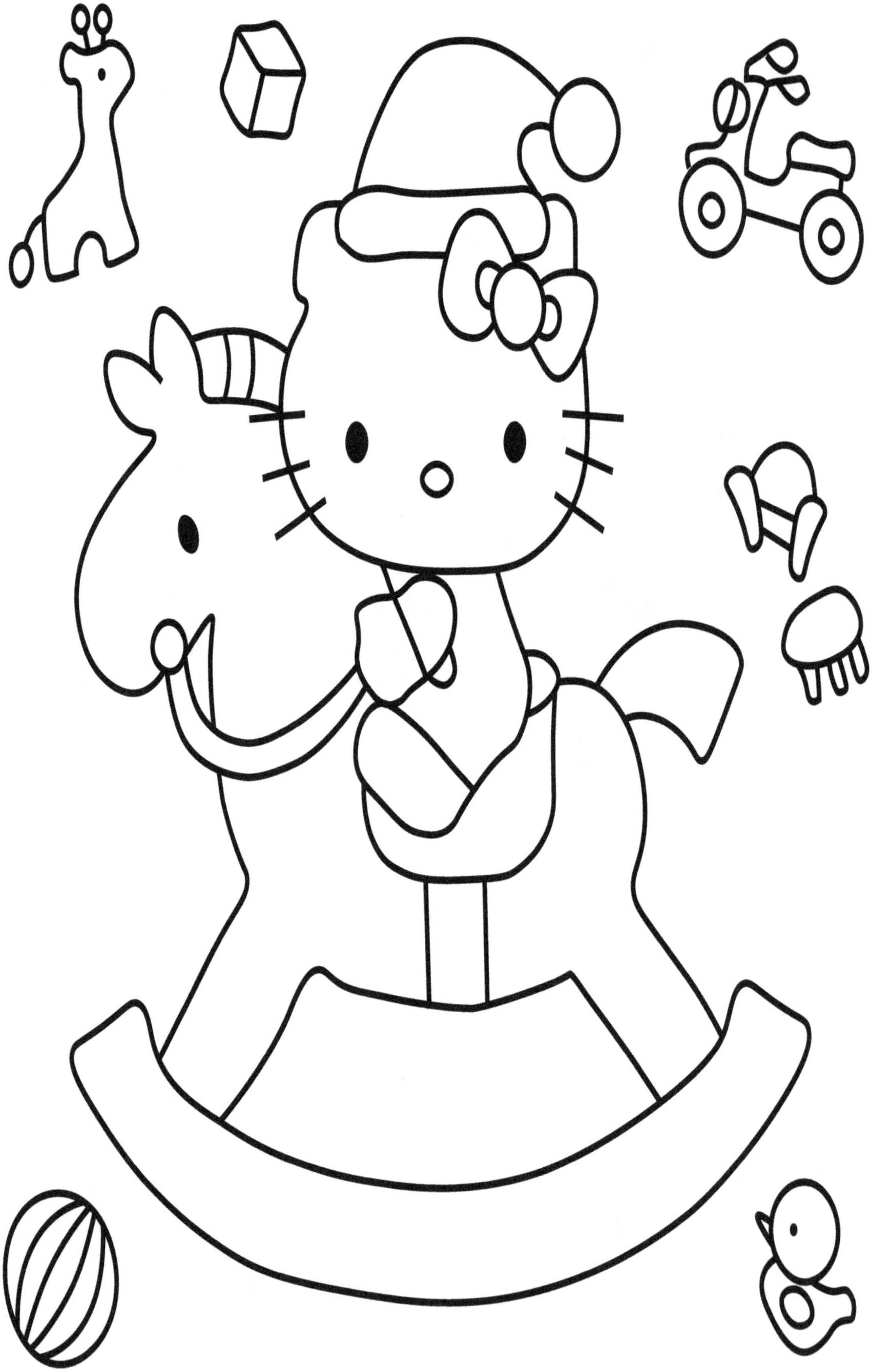

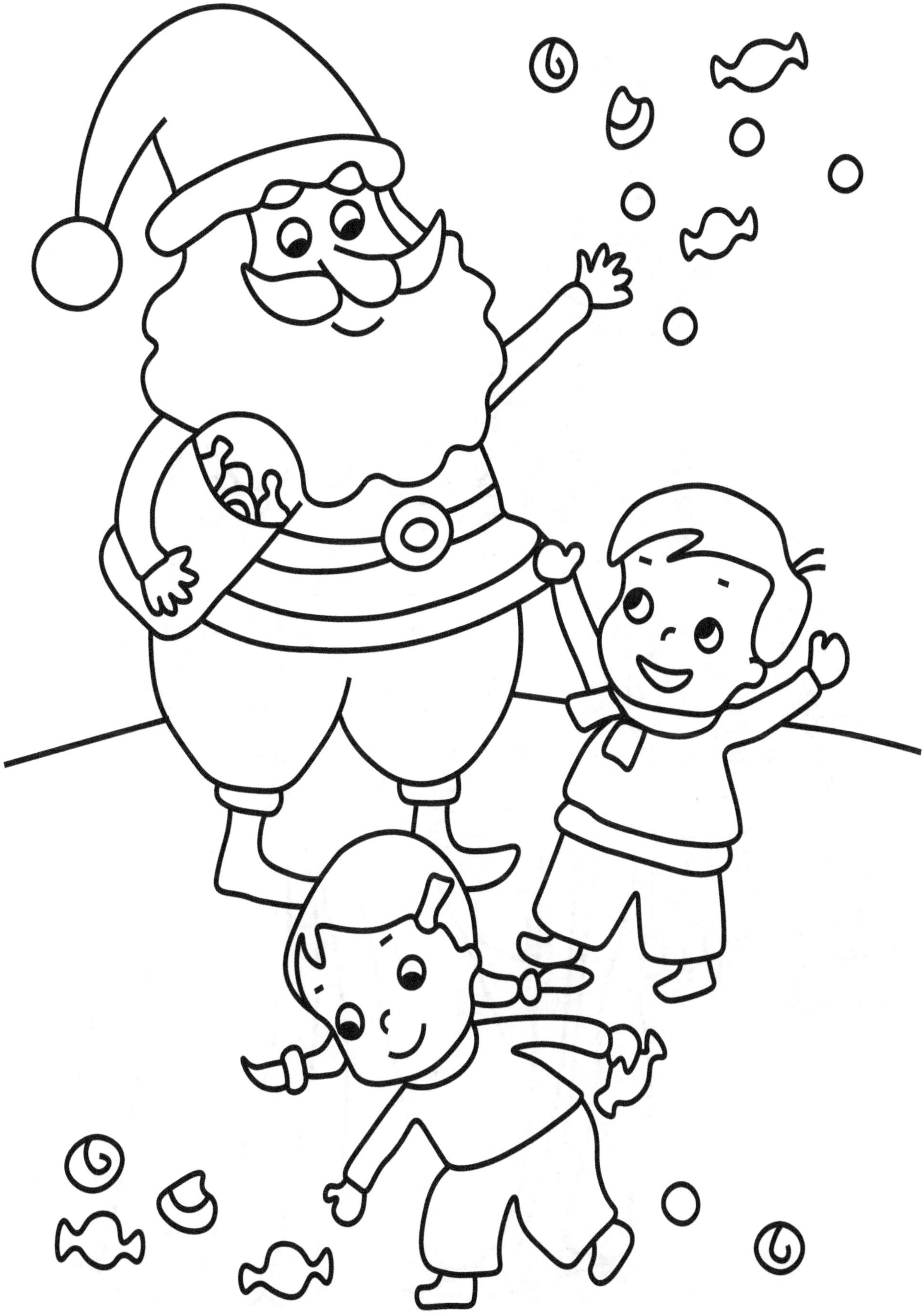

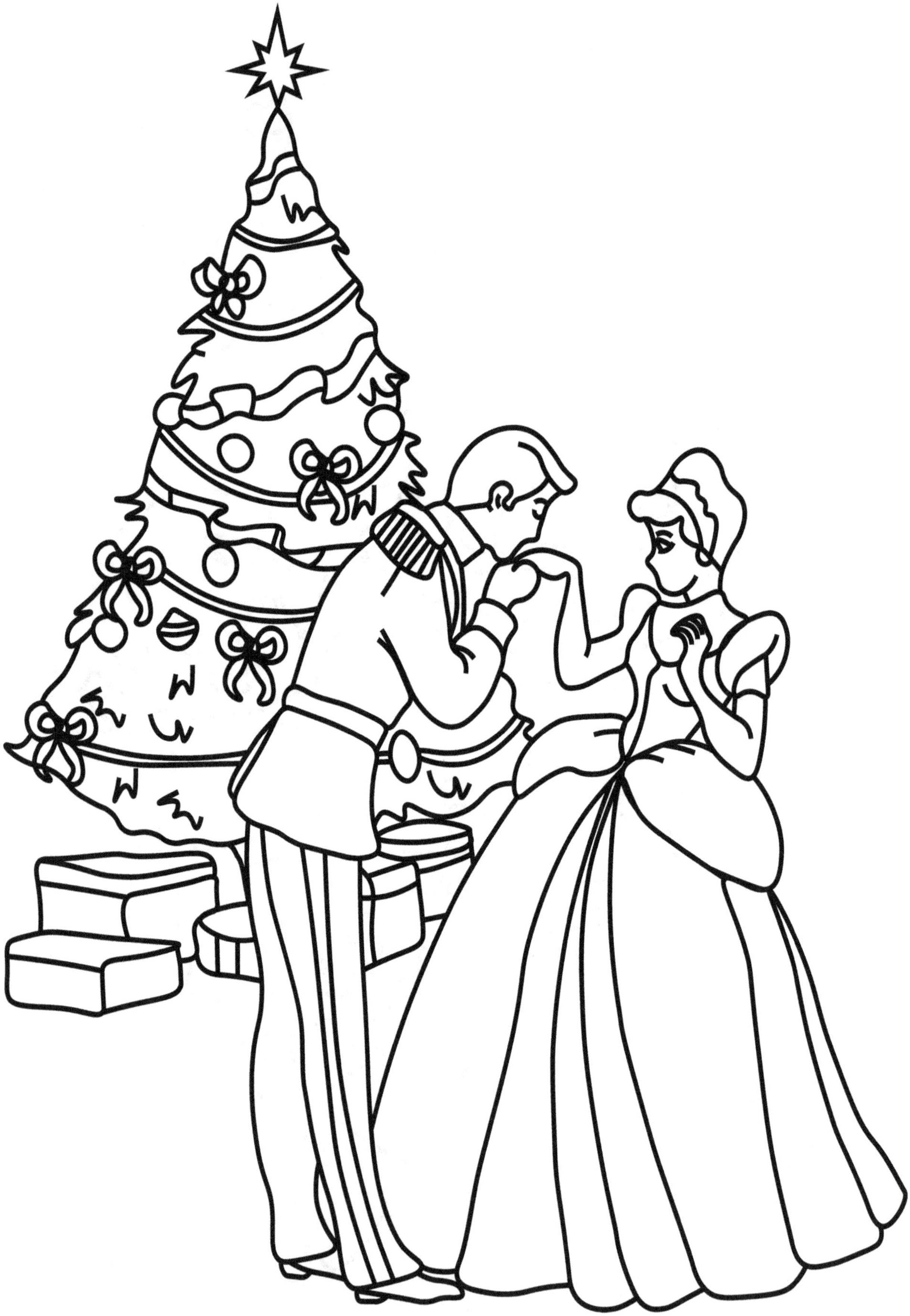

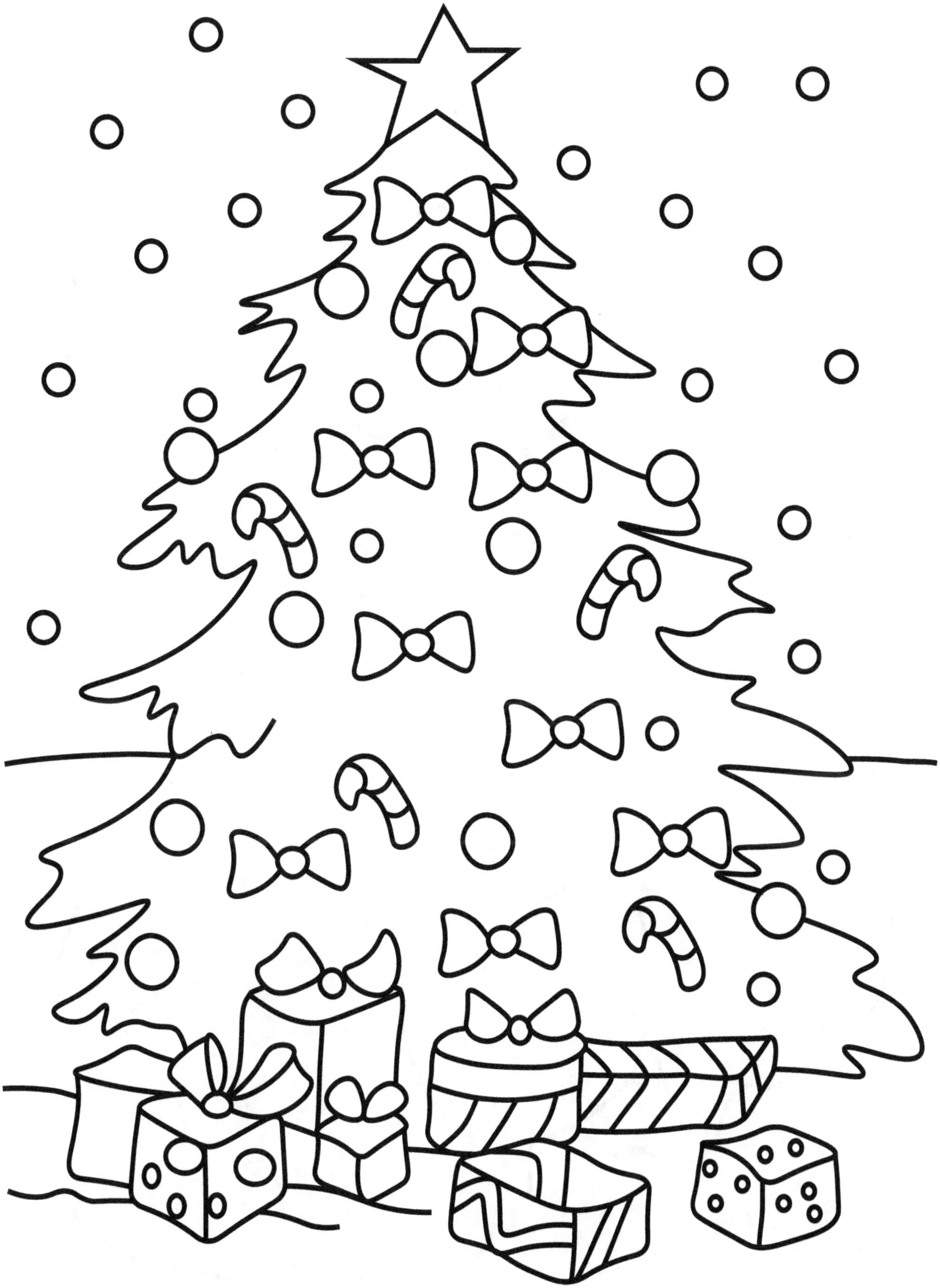

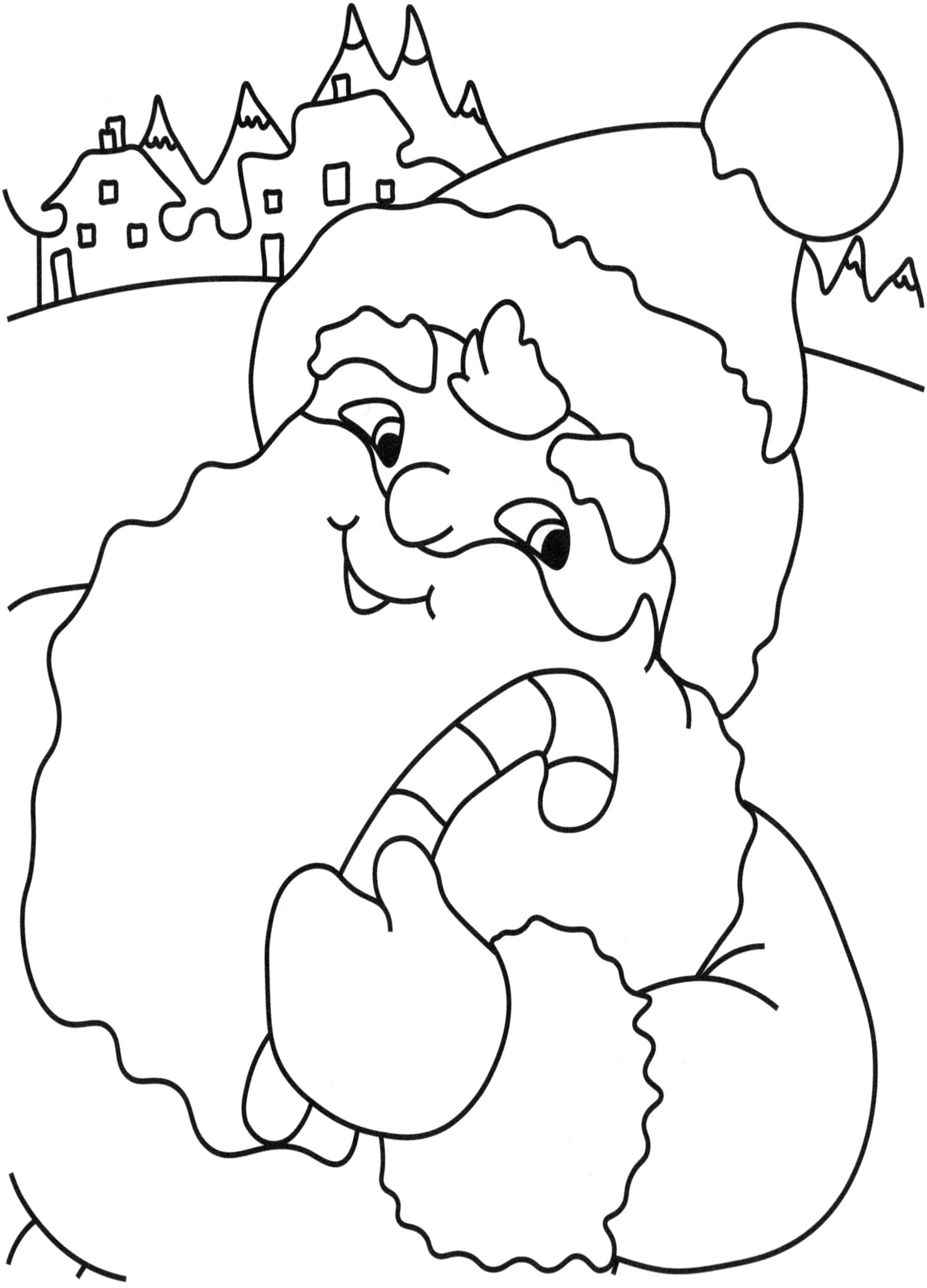

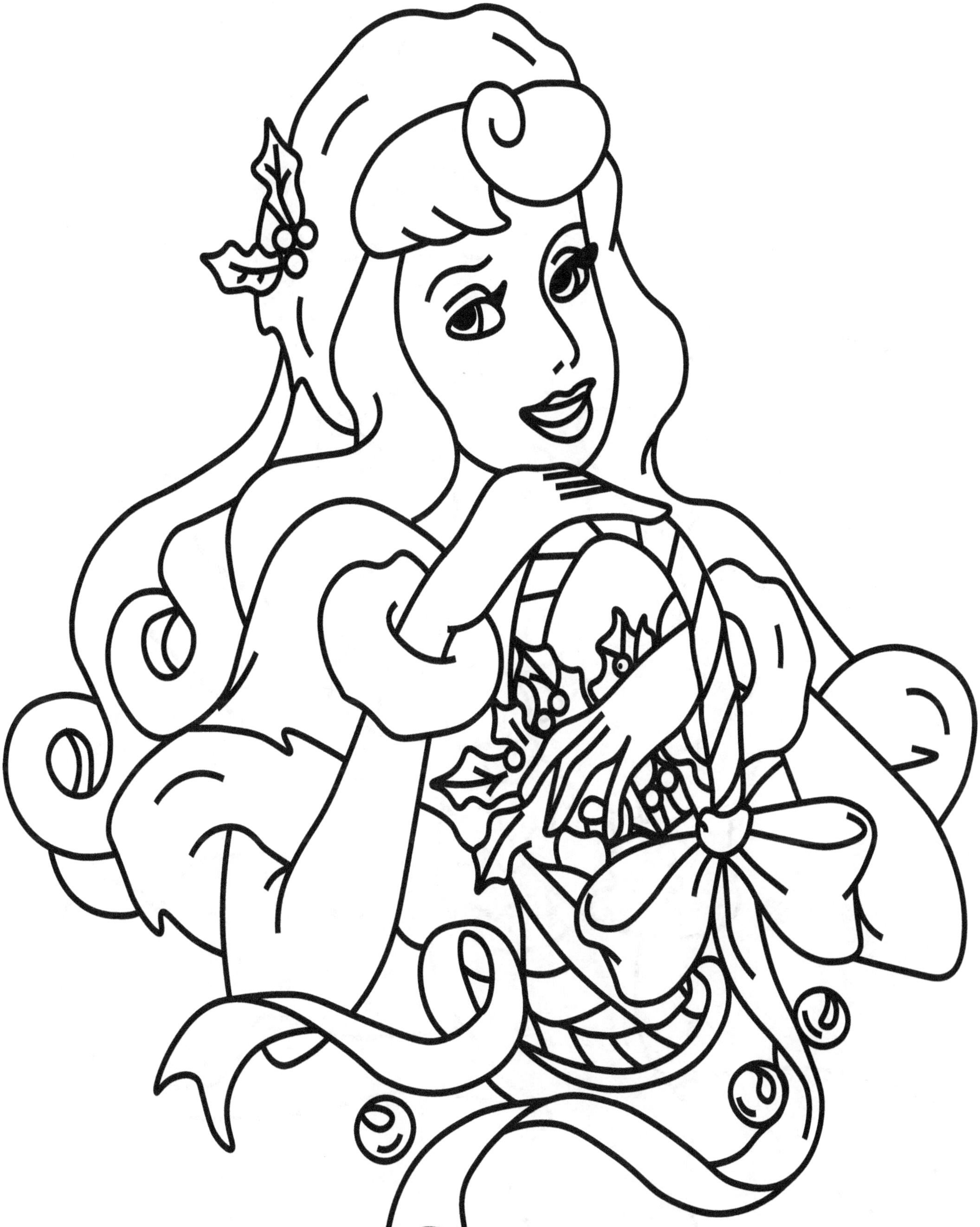

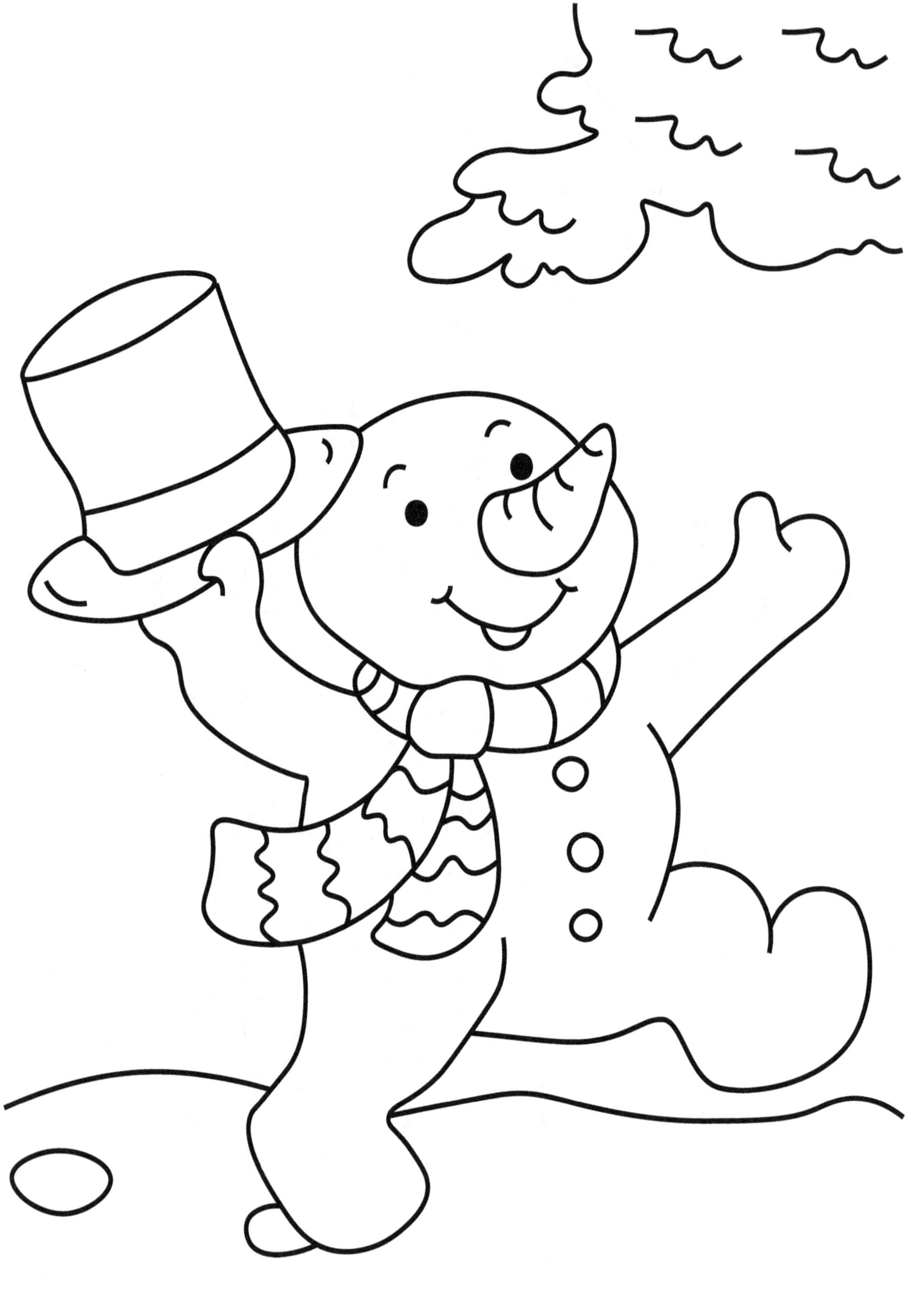

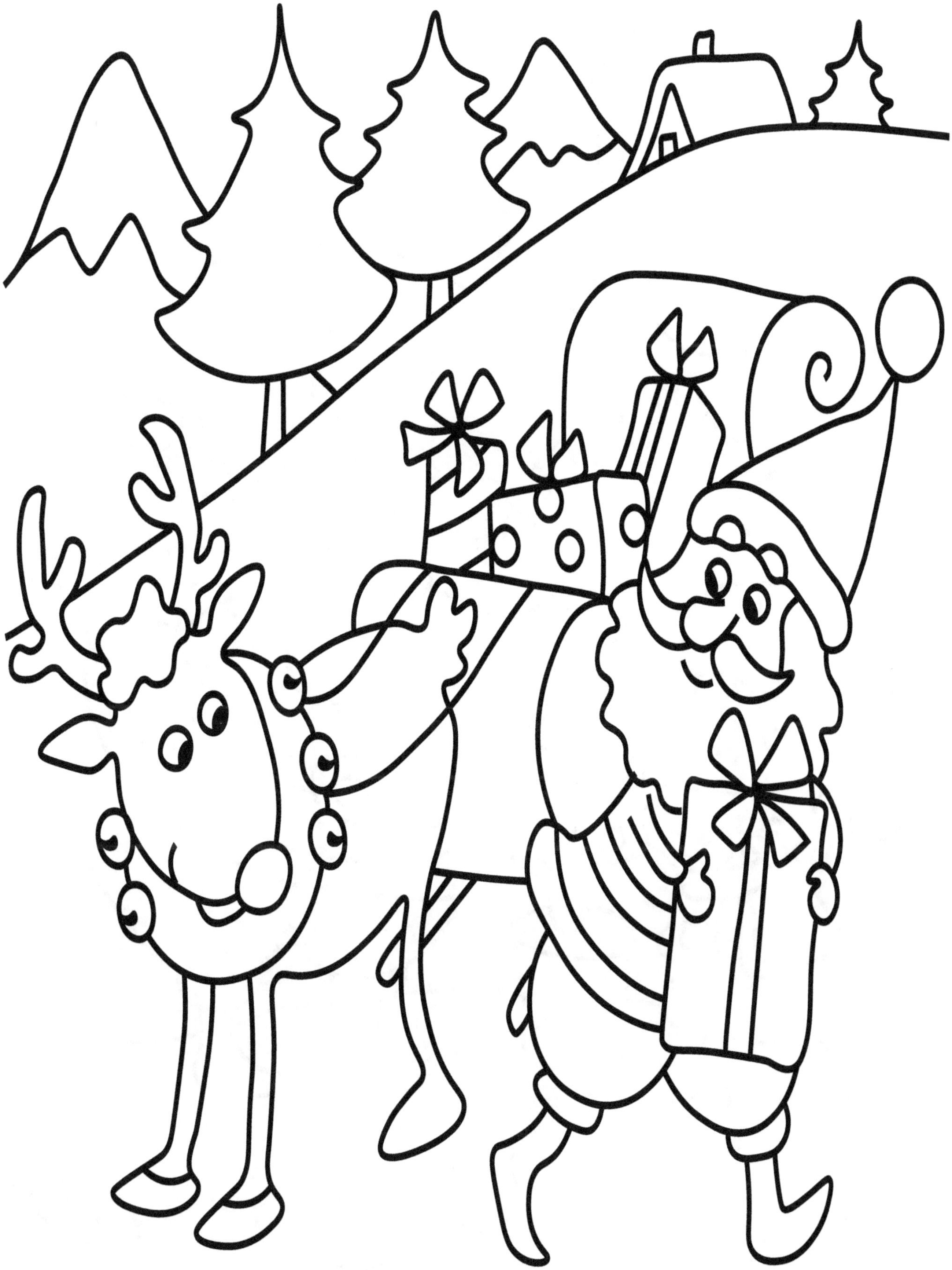

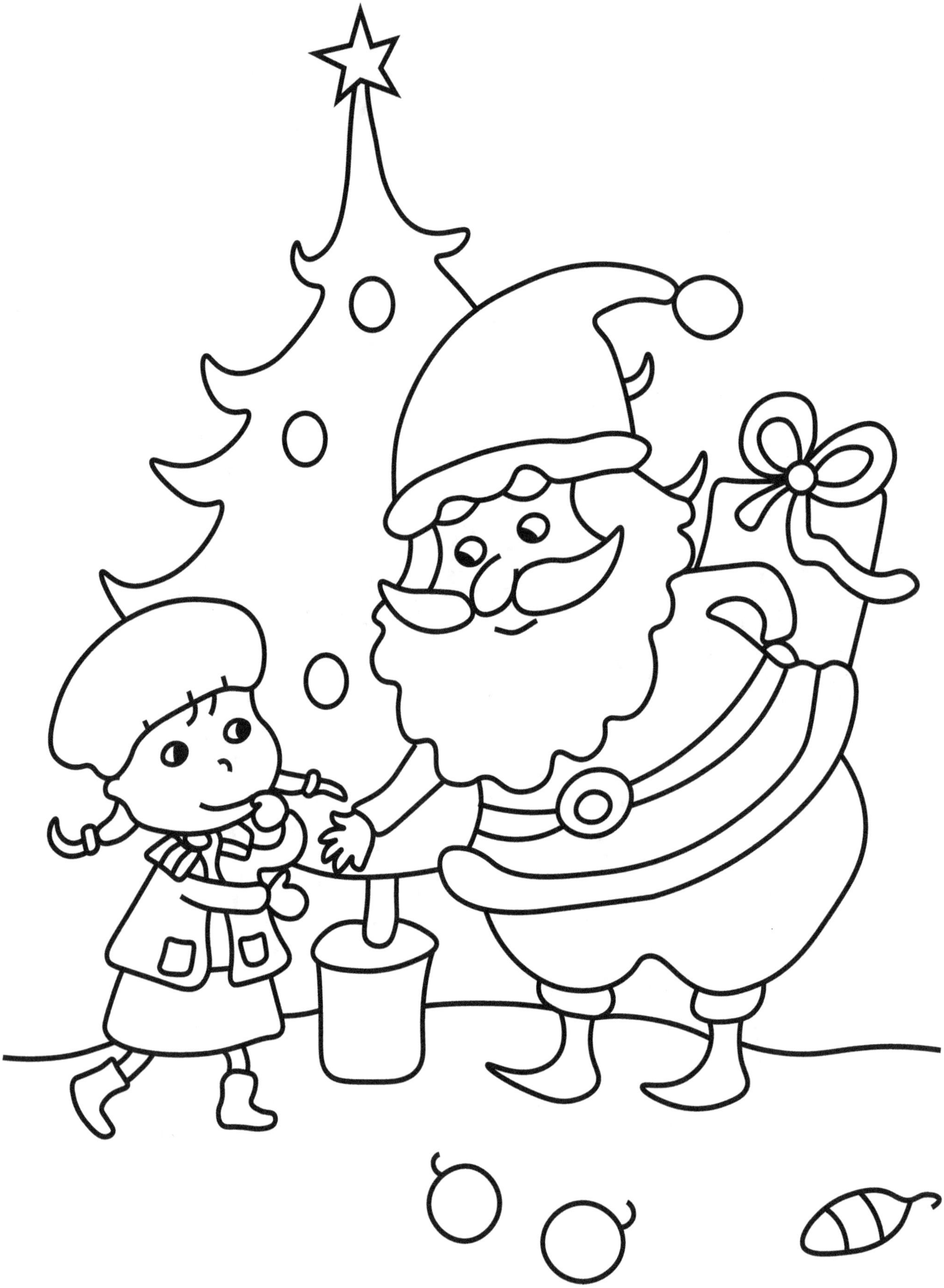

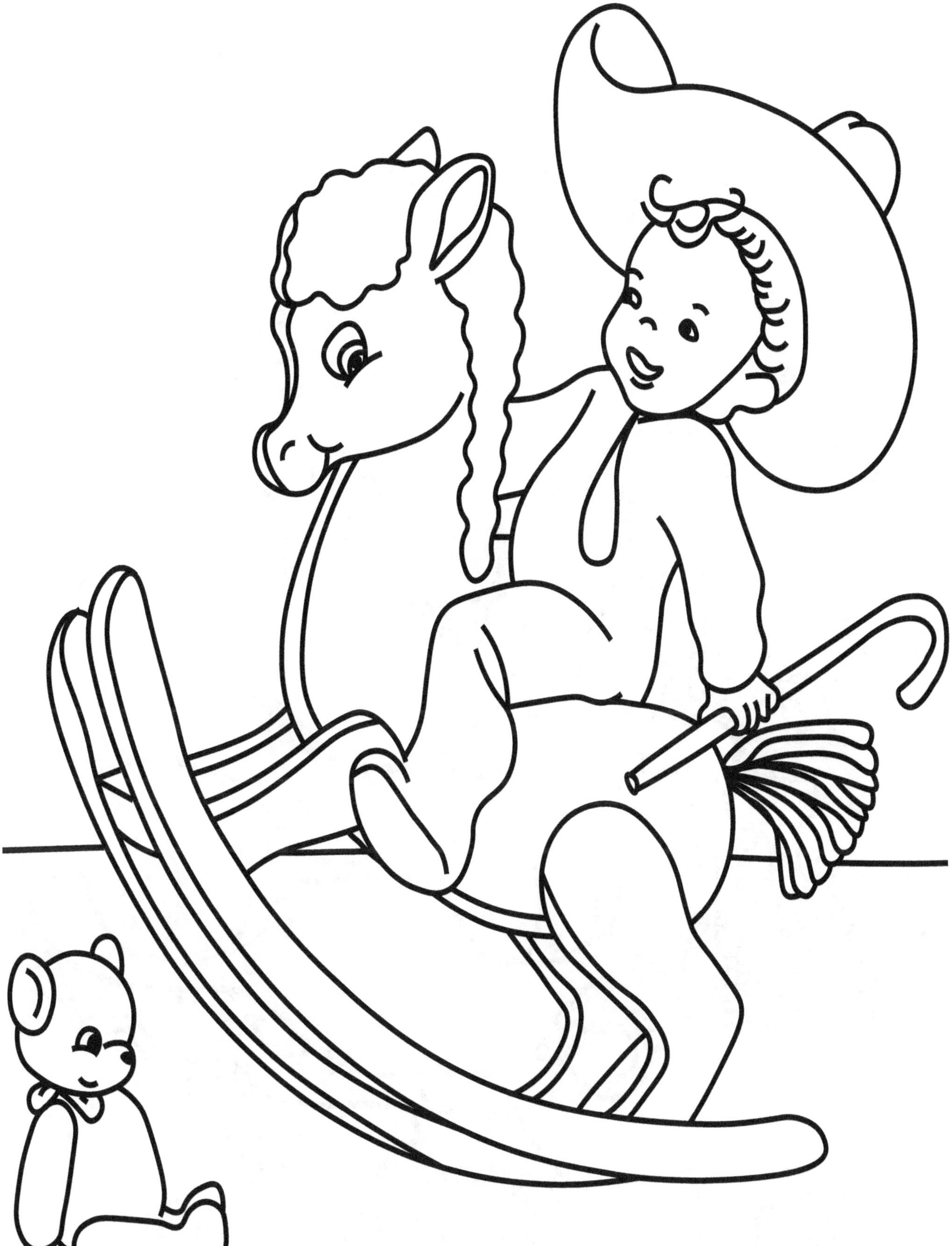

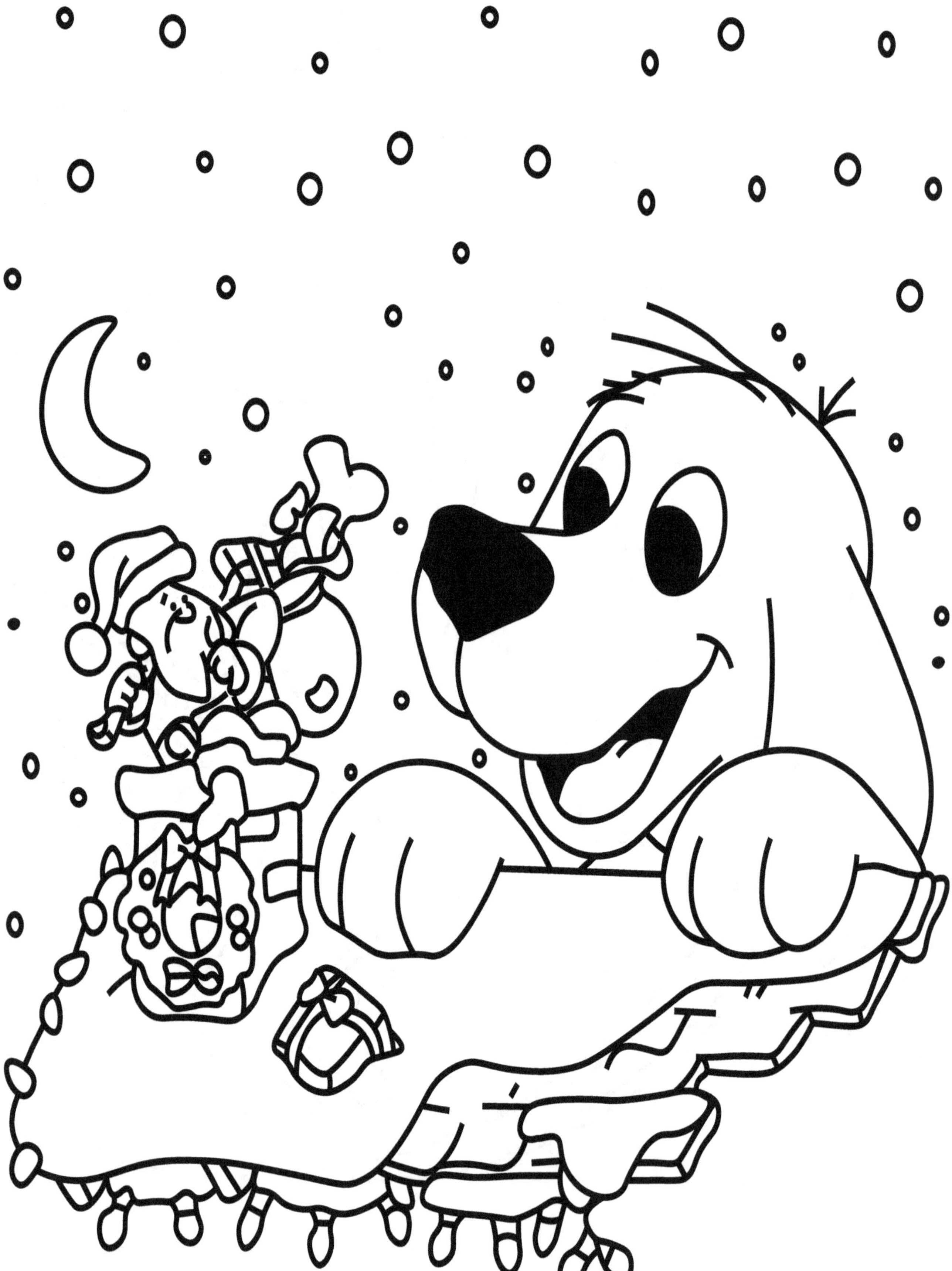

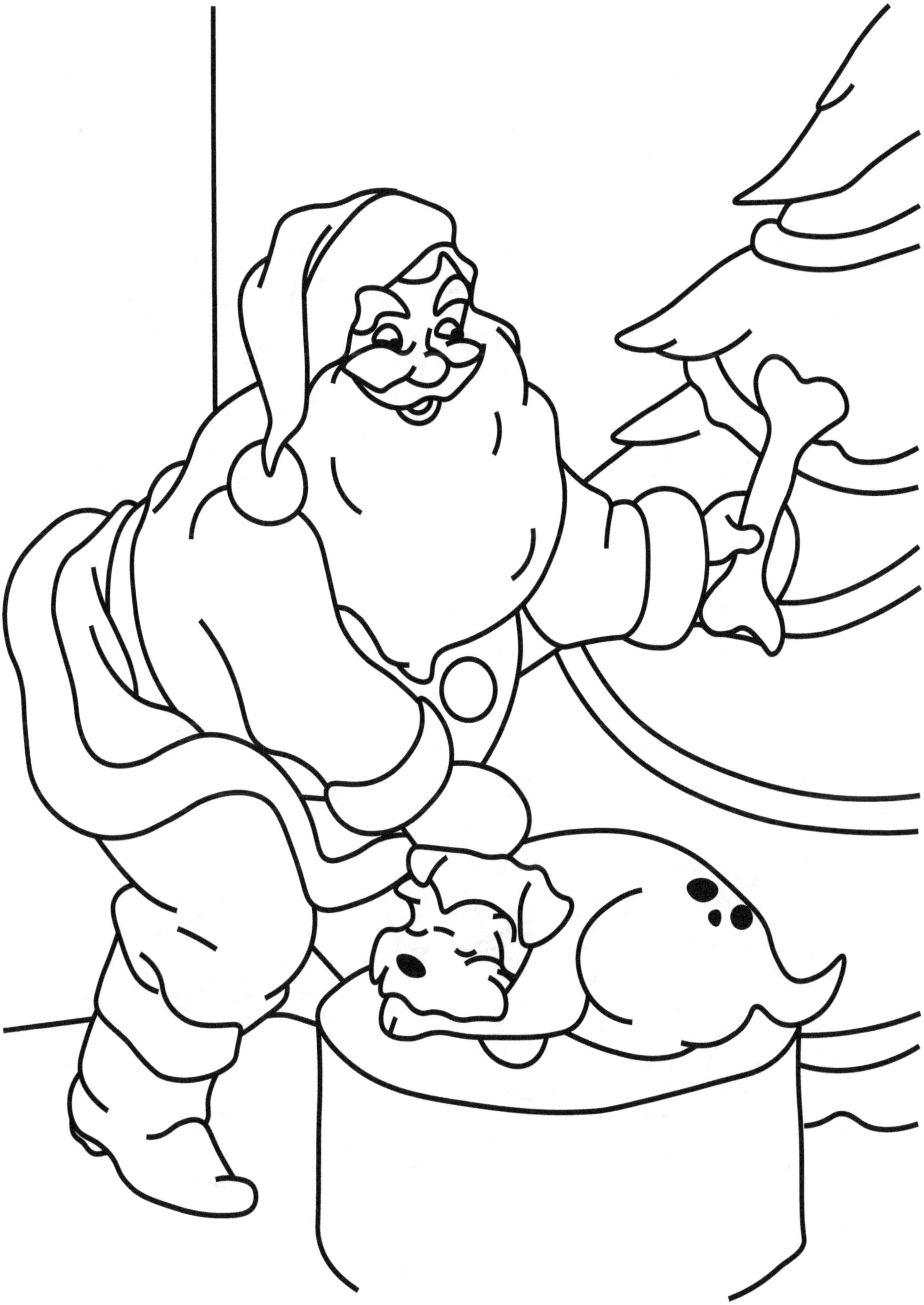

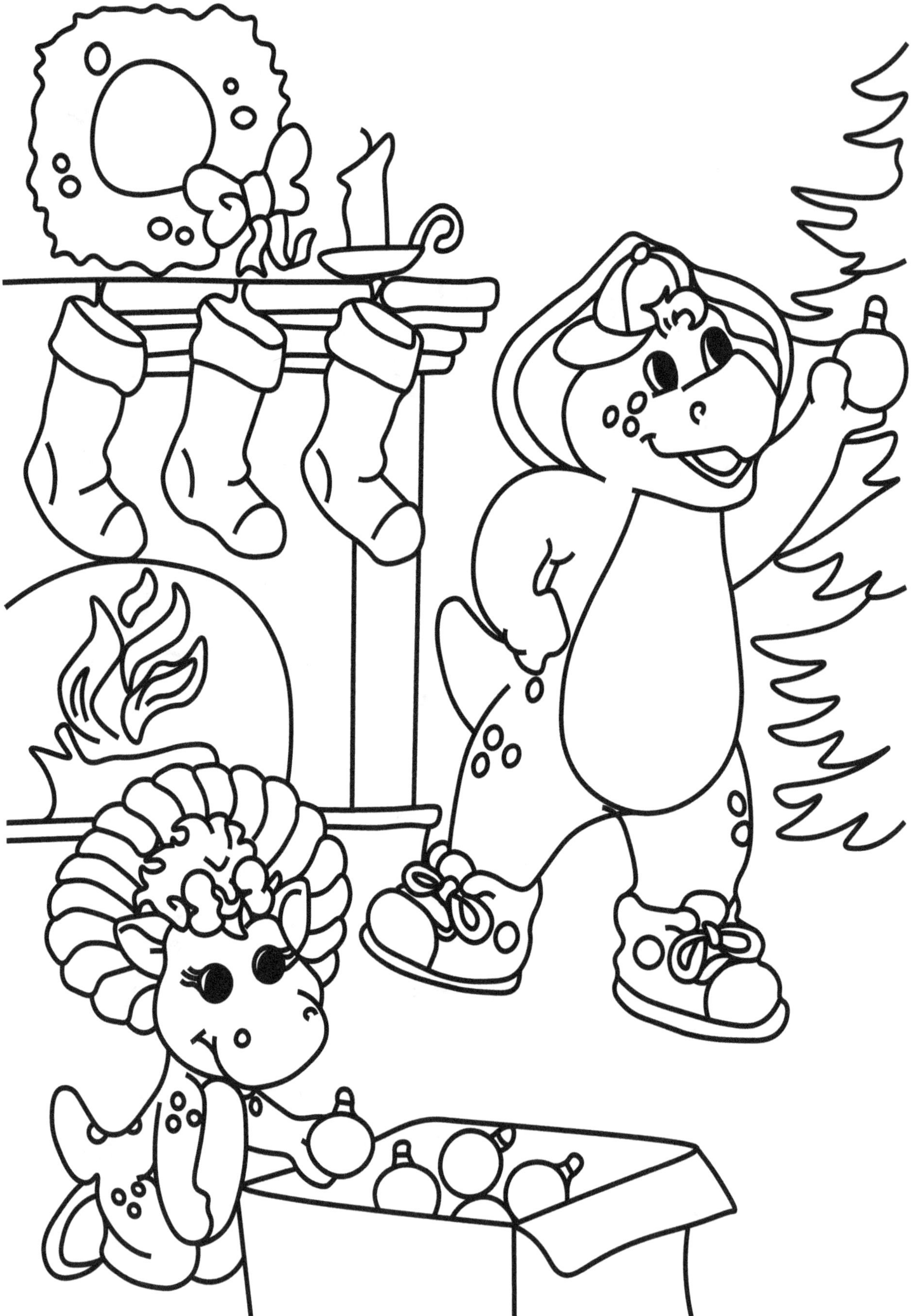

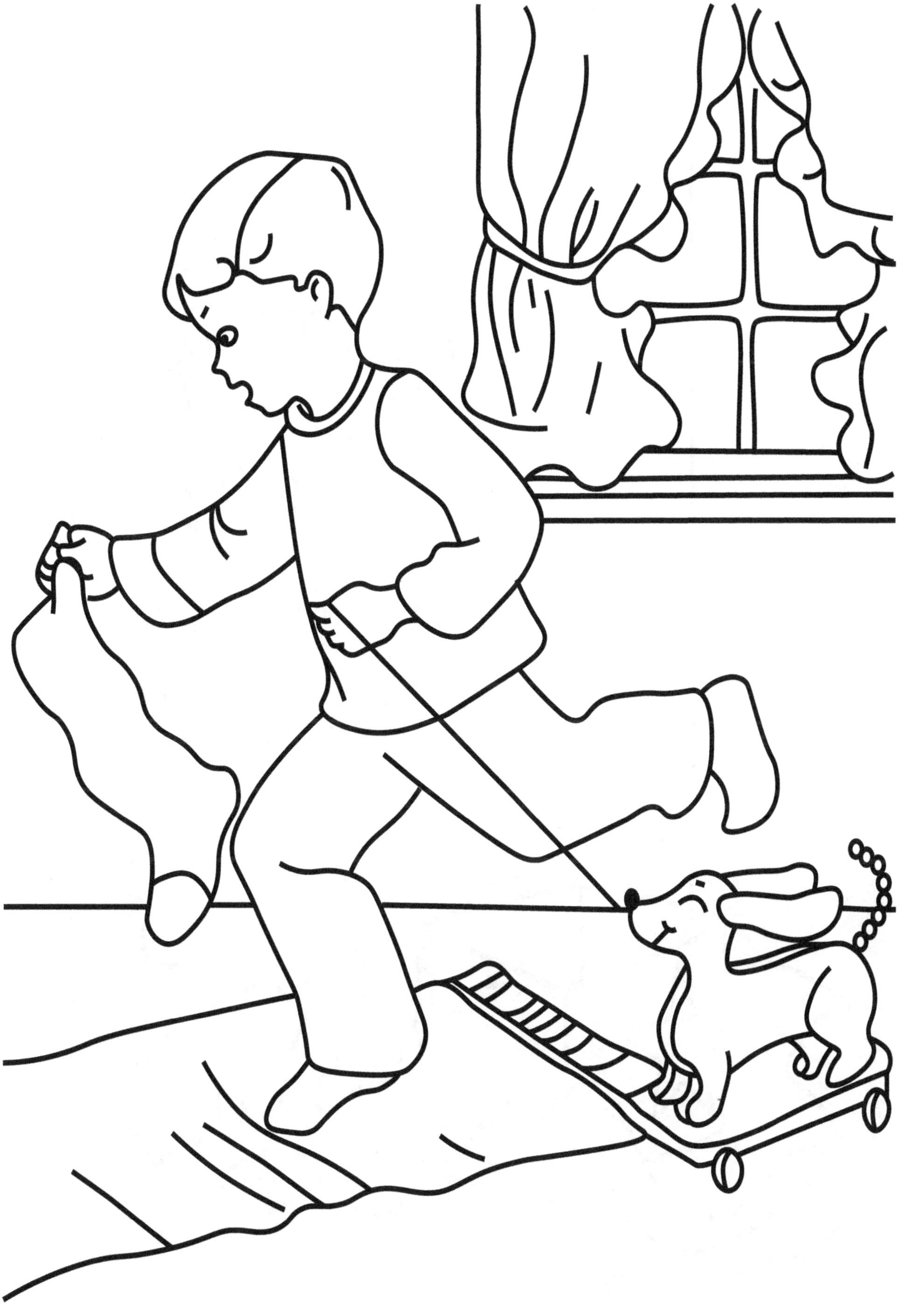

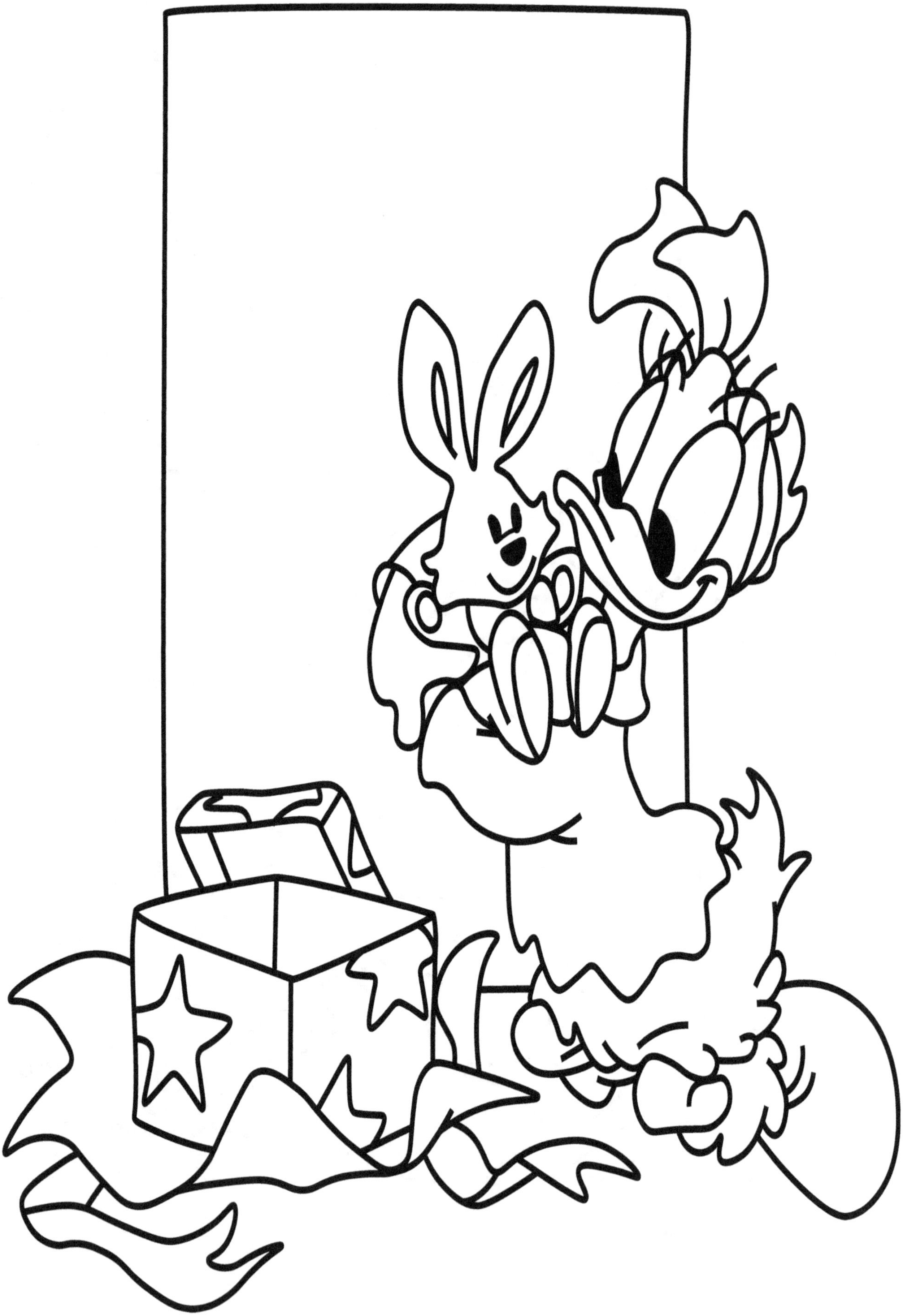

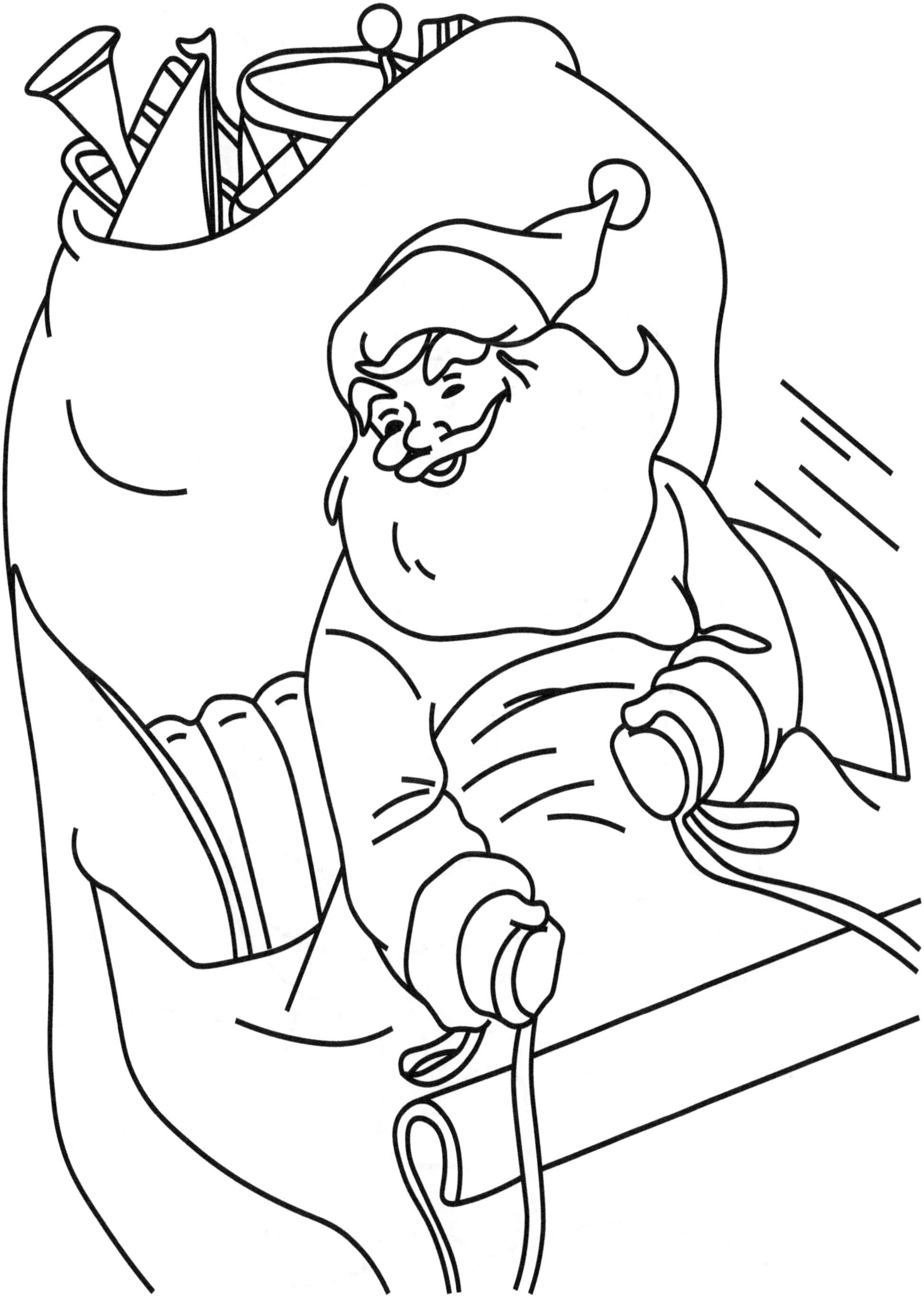

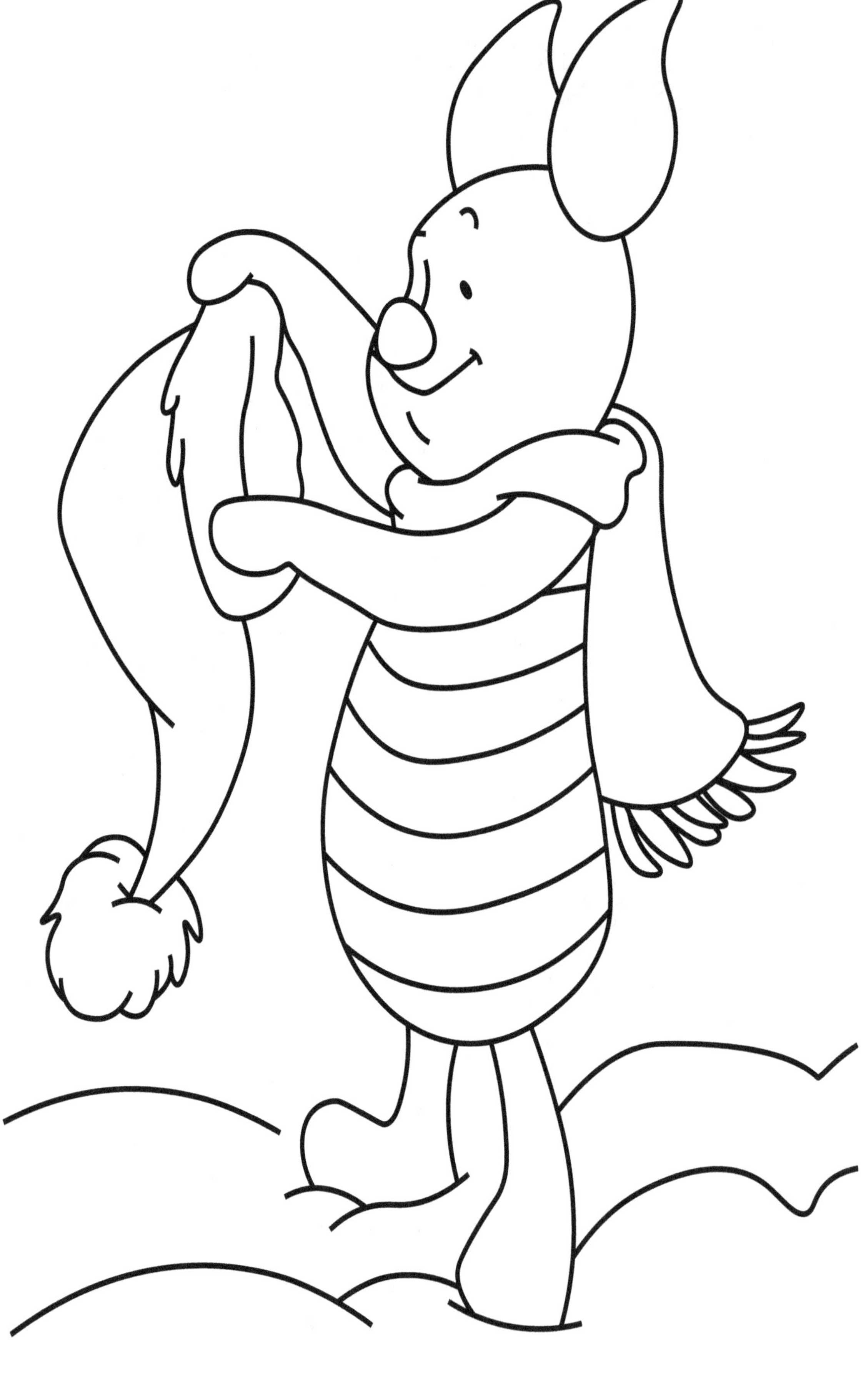

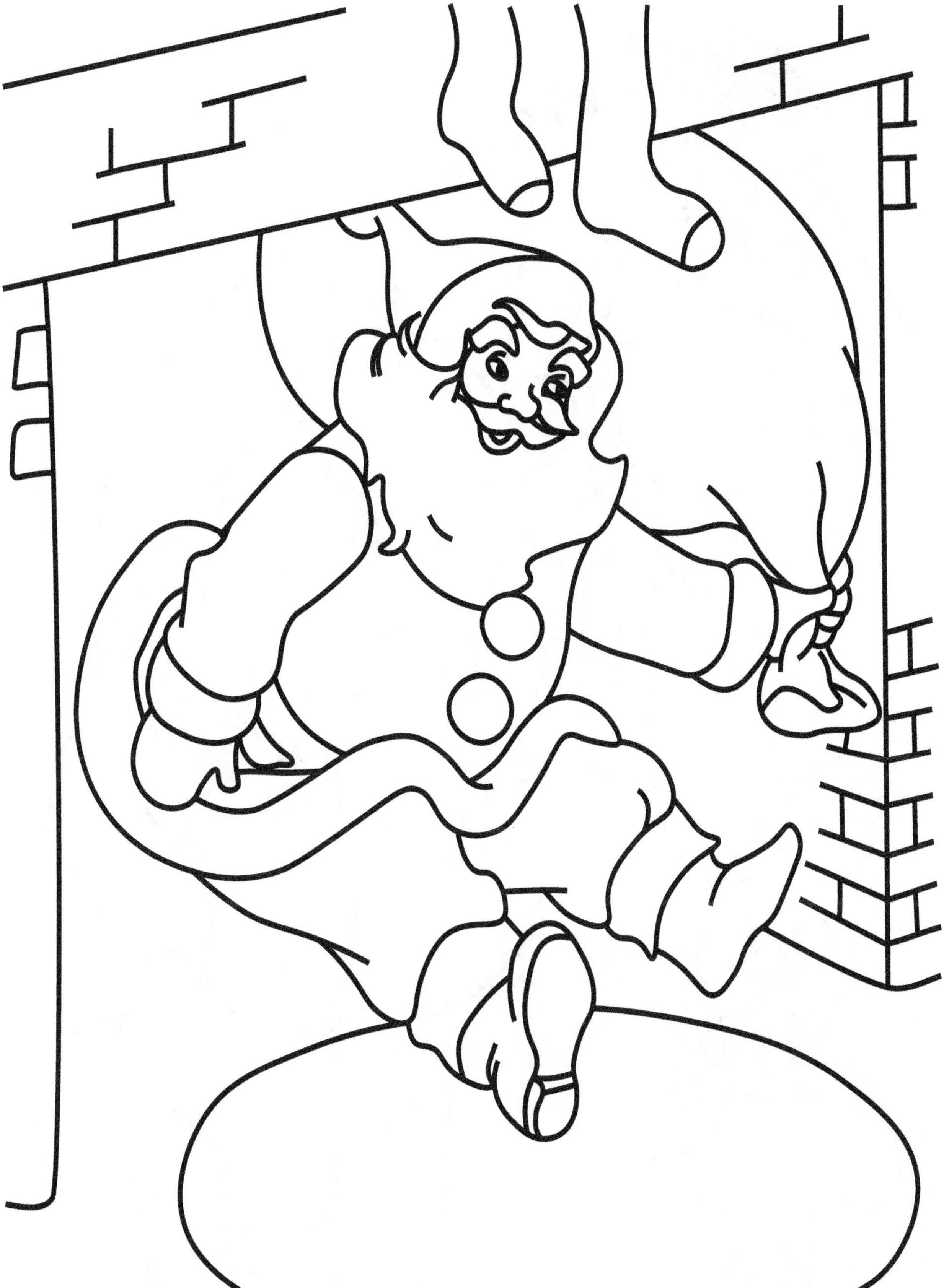

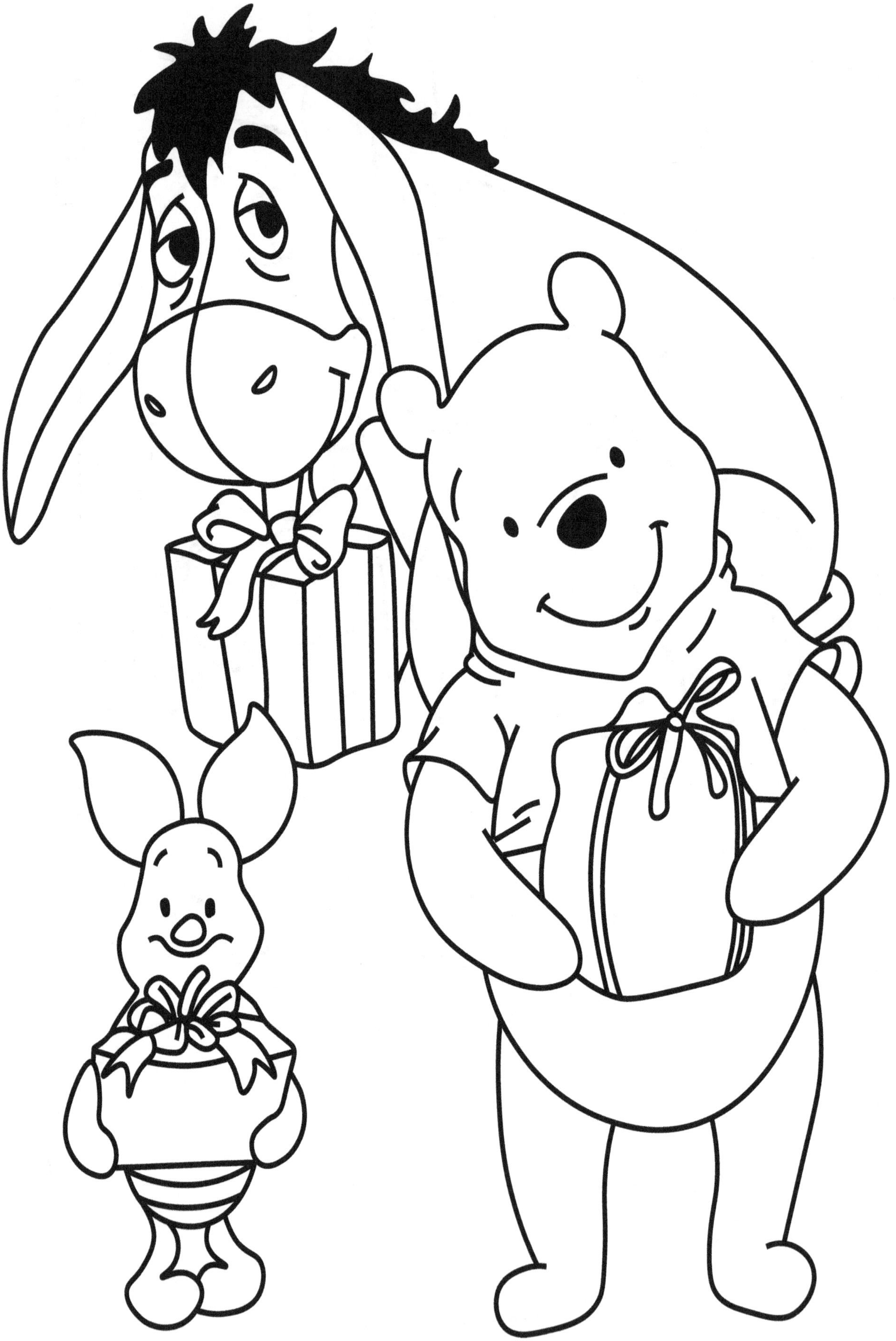

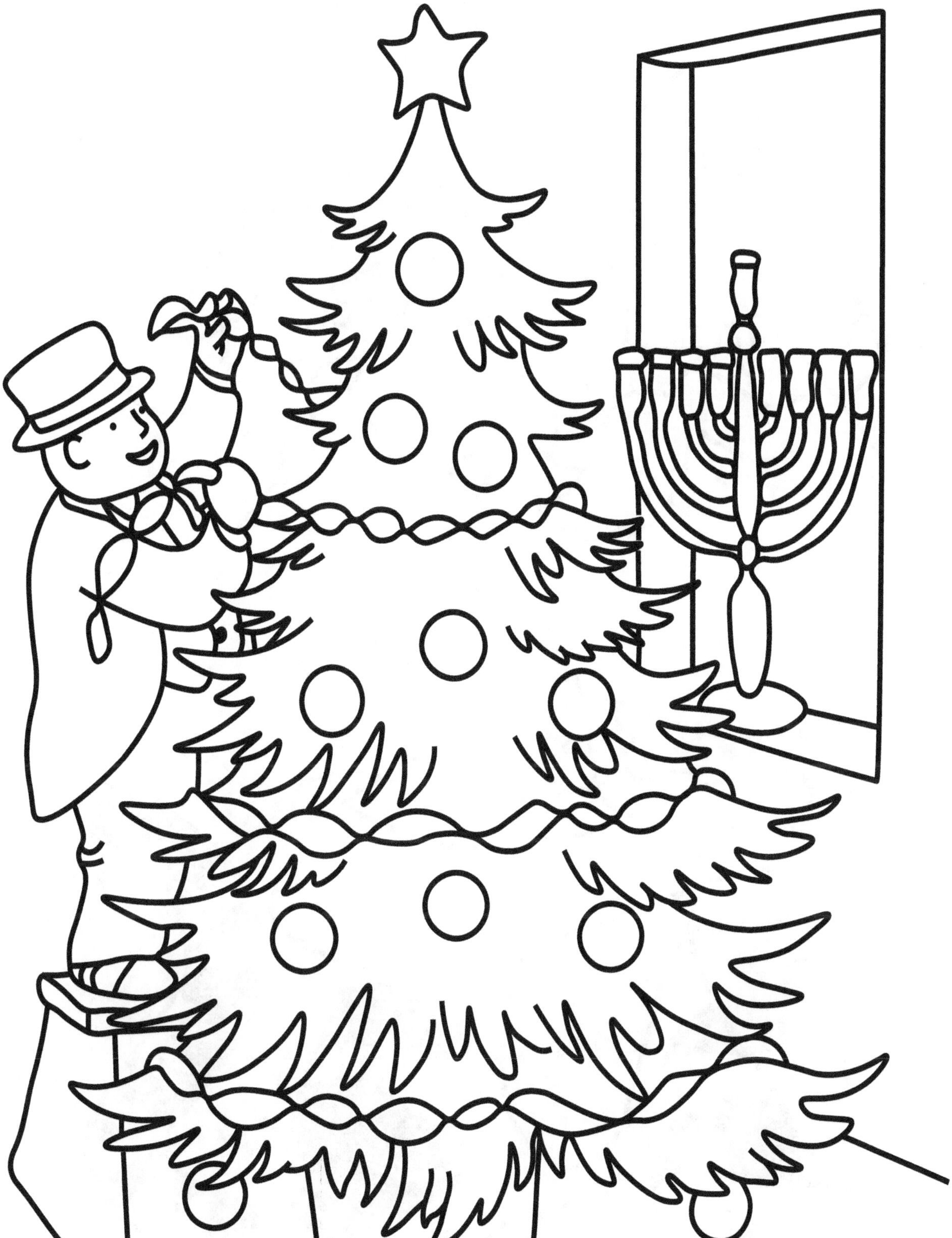

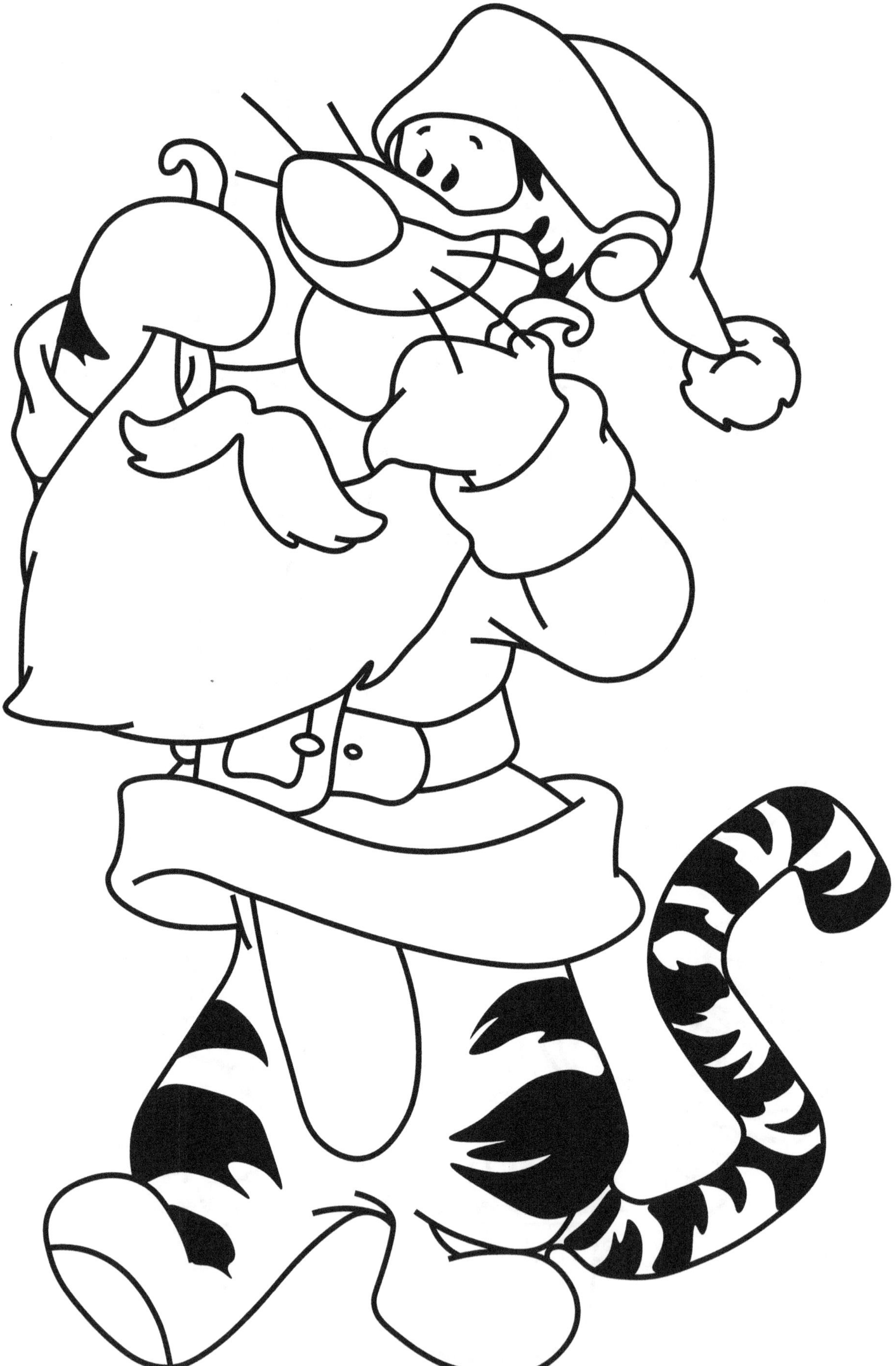

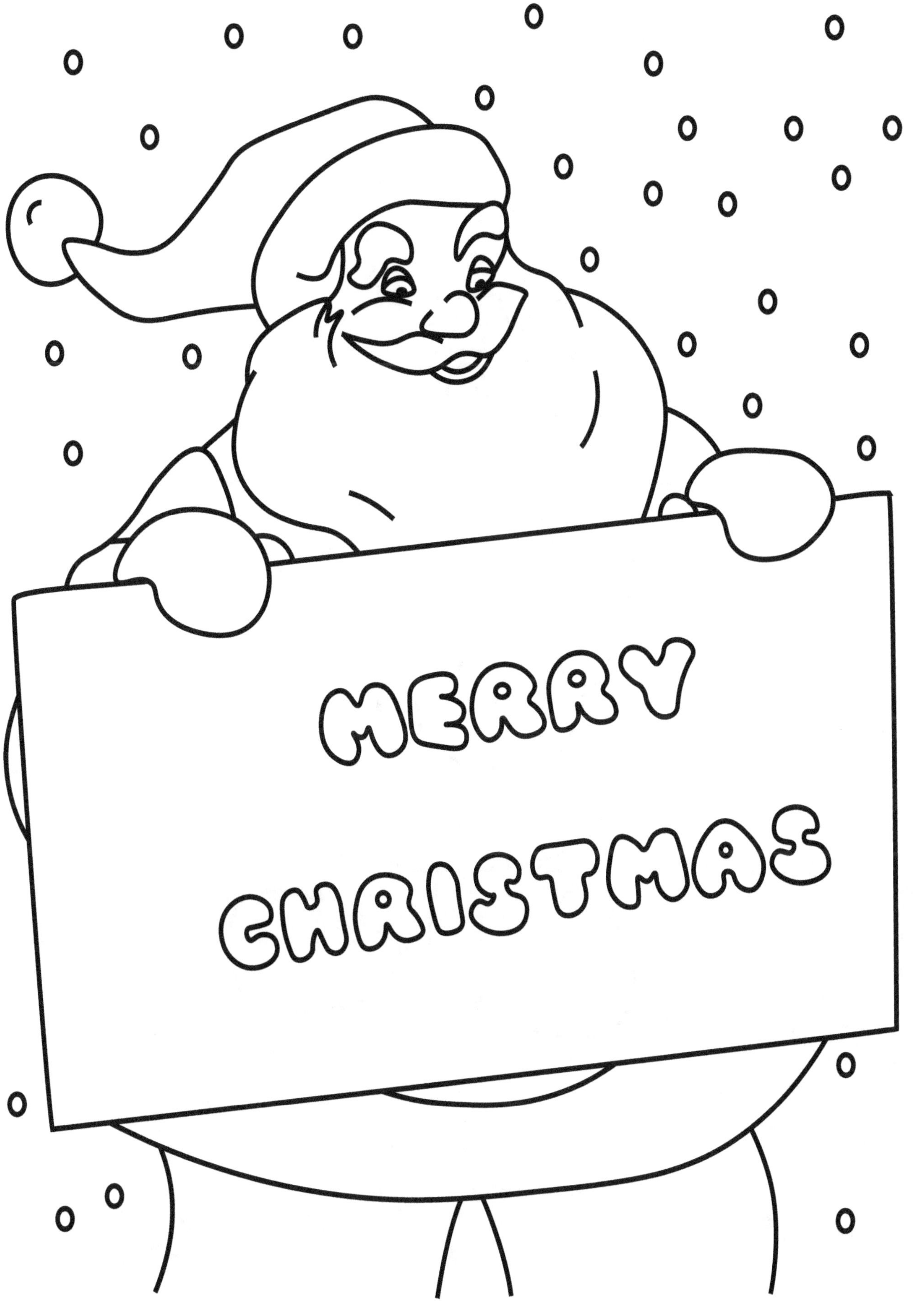
MERRY
CHRISTMAS

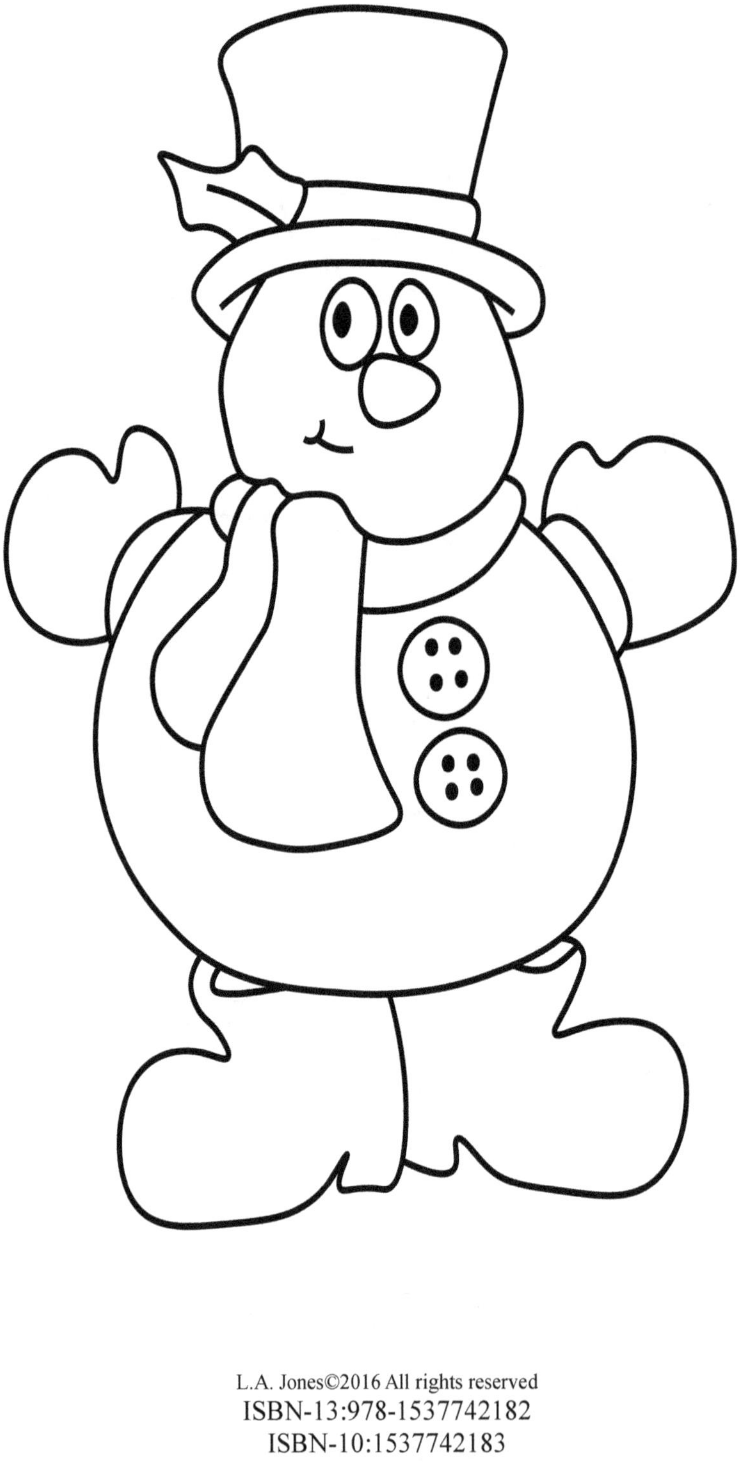

ISBN-13:978-1537742182
ISBN-10:1537742183

www.ingramcontent.com/pod-product-compliance
Lightning Source LLC
Chambersburg PA
CBHW080712190526
45169CB00006B/2344
9781537742182